MEMOIRE HISTORIQUE

SUR LE BERRY.

MÉMOIRE HISTORIQUE

SUR LE BERRY,

ET PARTICULIÈREMENT SUR QUELQUES CHATEAUX

DU DÉPARTEMENT DU CHER,

Par M. P.-J. DE BENGY-PUYVALLÉE,

Député de la Noblesse du Berry aux États-Généraux de 1789.

A BOURGES,

Chez VERMEIL, Libraire,

au Grand Bourdaloue.

—

1842.

MÉMOIRE HISTORIQUE

SUR LE BERRY,

ET PARTICULIÈREMENT SUR QUELQUES CHATEAUX

du département du Cher,

PAR M. P.-J. DE BENGY-PUYVALLÉE,

Député de la Noblesse du Berry aux États-Généraux de 1789.

AVANT-PROPOS.

Ce Mémoire, laissé par l'auteur entre les mains de ses enfants, n'était pas destiné à être imprimé. Il avait été rédigé en 1810 par M. de Puyvallée, sur la demande qui lui en avait été faite par M. de Barral, Préfet du Cher, et qui, s'occupant d'une Statistique archéologique de son département, l'avait prié de lui faire part des documents qui étaient à sa connaissance sur l'Histoire du Berry et des châteaux de cette province. Pour céder au désir de M. de Barral, M. de Puyvallée mit par écrit les faits et anecdotes dont sa mémoire était meublée. Ce manuscrit est donc plutôt une causerie intime qu'un mémoire rédigé avec la scrupuleuse attention qu'un historien met aux faits qu'il raconte. Aussi, en lisant ce mémoire, il sera facile de reconnaître, à la simplicité du style et à la manière dont il est rédigé, qu'il est une communication toute confidentielle des souvenirs de l'auteur. Si M. de Puyvallée avait pu supposer que cet ouvrage dût être imprimé un jour, il aurait donné à son style ce caractère de gravité noble et facile qui a été remarqué dans ses écrits, et il aurait mis plus de soin dans la rédaction de l'ouvrage.

En consentant à livrer ce Mémoire à l'impression, le fils de l'auteur a cédé à des demandes souvent réitérées qui lui en ont été faites. Il s'est laissé aller à croire, ainsi qu'on lui en a donné l'assurance, que ce mémoire intéresserait les habitans du Cher, et que le nom de l'auteur le recommanderait au public. Il offre donc avec confiance à ses concitoyens cette œuvre d'un homme à la mémoire duquel il a été accordé tant de témoignages d'estime.

Les personnes qui liront ce mémoire voudront bien se rappeler qu'il a été rédigé en 1810 ; que depuis cette époque les temps, les mœurs, les idées politiques ont bien changé et que beaucoup des faits qui y sont rapportés ne peuvent plus offrir l'intérêt qu'ils présentaient il y a trente ans.

MÉMOIRE HISTORIQUE

SUR LE BERRY,

ET PARTICULIÈREMENT SUR QUELQUES CHATEAUX

DU DÉPARTEMENT DU CHER.

L'ancienne province du Berry était divisée par la rivière du Cher en Haut et en Bas-Berry.

Le *Haut-Berry* forme aujourd'hui le département du Cher ; le *Bas-Berry* celui de l'Indre.

Les anciens monuments de l'histoire nous apprennent qu'avant l'établissement de la monarchie française, le Berry était si fertile et si peuplé, que plusieurs colonies sont sorties de ce pays pour aller s'établir en Allemagne, en Suisse et en Italie. L'histoire de la Guyenne atteste que la ville de Bordeaux a été fondée par une colonie de Berruyers. J'ai entendu dire, en Suisse, aux habitants du baillage de Romont, canton de Fribourg, que leurs ancêtres étaient originaires du Berry. En effet, plusieurs villages du baillage de Romont portent encore des noms qui se rapportent à des noms de notre pays.

Les titres anciens et particulièrement les papiers terriers, qui ont échappé aux ravages du temps, constatent que le Berry était autrefois plus considérable en habitations rurales et en population qu'il ne l'est aujourd'hui. On trouve partout les indices d'anciens villages qui n'existent plus, les fondements de vieux édifices et les débris d'anciens châteaux qui ont été détruits. Par une conséquence nécessaire, le pays était autrefois plus riche et plus commerçant, les habitants plus actifs et plus industrieux.

La partie du Bas-Berry, qui comprend aujourd'hui le département de l'Indre, formait autrefois une principauté qui appartenait à l'ancienne maison de Déols, Barons de Châteauroux et Princes du Bas-Berry.

Quoique ce mémoire ait particulièrement pour objet le département du Cher, il est nécessaire de parler de la maison de Déols, à cause du rôle important qu'elle a joué dans la province. Il en est de même des deux maisons de Culan et La Châtre, qui passent pour les deux plus anciennes maisons du Berry et qui sortaient toutes les deux des anciens Princes de Déols, dont l'origine, constatée par les monuments publics, remonte au-delà de l'établissement de la monarchie française.

La maison de La Châtre, aussi distinguée par son ancienneté et ses alliances que par les emplois qu'elle a possédés et les services qu'elle a rendus à l'État, a eu la plus grande influence sur les évènements politiques qui se sont passés en Berry, et dont je vais bientôt rendre un compte abrégé.

Les monuments de l'histoire laissent une grande obscurité sur l'existence politique du Berry, sous la 1re. et la 2e. race ; nous savons seulement que Charlemagne érigea l'Aquitaine en royaume, et que Bourges en devint la capitale et le séjour ordinaire des Rois d'Aquitaine.

Sur la fin de la seconde race, époque où l'autorité royale était dégradée, où les lois étaient sans force, il s'établit un nouveau genre de possessions jusque-là inconnu, auquel on a donné, depuis, le nom de *fiefs*. Les Comtes Gouverneurs des villes, les Barons et les Vicomtes, officiers d'un ordre inférieur, rendirent héréditaires dans leurs familles des titres que jusque-là ils n'avaient possédés qu'à vie. Ils s'érigèrent en Seigneurs propriétaires des lieux dont ils n'avaient été que les magistrats, et firent de leurs bénéfices des propriétés patrimoniales. C'est ainsi que les Comtes de Bourges et de Sancerre, que les Barons de Montfaucon, de Charenton et de Germigny, ont envahi le domaine utile ou direct de presque tout le Haut-Berry. Ils se donnèrent des sujets et des vassaux par les sous-inféodations. C'est à cette époque que remonte le grand nombre de fiefs qui existaient dans le Haut-Berry, et notamment les Vicomtés de la Septaine de Bourges, telles que celles de Saint-Georges, de Coulogne, du Porche et autres qui ne devaient au Comte de Bourges qu'une maille d'or pour tout droit de rachapt.

La possession héréditaire des terres et de la justice engagea les seigneurs à construire et à élever au milieu de leurs propriétés des places fortes pour se défendre ; telle fut l'origine des châteaux, dont les constructions furent proportionnées à l'étendue du territoire qui en dépendait et à l'importance du seigneur qui les possédait.

Le Haut-Berry, comme le reste de la France, fut assujetti au régime féodal ; néanmoins il s'y conserva quelques propriétés libres et indépendantes sous le nom de *franc-alleu* ; les habitants du Berry en furent redevables à la protection de nos Rois, qui réunirent de bonne heure le Comté de Bourges au domaine de la couronne.

Quoi qu'il en soit, l'Aquitaine ayant été divisée en trois provinces, la Guyenne, qui formait la seconde Aquitaine, passa, en 1150, sous la domination des Anglais par le mariage d'Henri II, Roi d'Angleterre, avec Éléonore, fille unique et héritière de Guillaume, dernier Duc d'Aquitaine. A cette époque le roi d'Angleterre se trouva Duc de Normandie et d'Aquitaine, Comte d'Anjou, de Poitou, de la Touraine et du Maine.

Henri II, roi d'Angleterre, ayant accepté la tutelle et la garde de Denise, sa nièce, héritière de la maison de

Déols, s'empara de toutes les terres de sa pupille, qui s'étendaient jusque sur les bords du Cher, sous le prétexte de les lui conserver.

Louis-le-Jeune et Philippe-Auguste furent continuellement en guerre avec Henri II pour arracher de ses mains la Principauté de Déols; le Berry devint le théâtre de leurs dissensions et de leurs querelles. Les bords du Cher, qui formaient les limites des deux états, furent également ravagés par leurs armées.

Les seigneurs du Berry, dont les terres étaient situées sur les bords du Cher, telles que celles de Chârost, de Mehun, Graçay, Vierzon, Quincy et Brinay, furent contraints de prendre alternativement parti pour ou contre les deux rois. Leurs châteaux furent rasés, leurs vassaux pillés, les villages incendiés, les habitants ruinés. C'est à cette première époque, qui remonte au commencement du 13e. siècle, qu'il faut attribuer la ruine et la dépopulation du Berry.

Les conquêtes de Philippe-Auguste et de Louis VIII éloignèrent, pendant quelque temps de la province le théâtre de la guerre, mais elles ne réparèrent pas les maux qu'elle avait soufferts et les pertes qu'elle avait faites.

Le roi Jean, dont le règne fut si funeste à la France, donna en apanage à Jean de France, son troisième fils, la province de Berry, qu'il érigea en duché-pairie en 1360.

Une observation assez importante, c'est que, depuis le règne du roi Jean jusqu'à la révolution, le duché de Berry a presque toujours été l'apanage des enfants de France, et que le gouvernement de la province a souvent été confié à des princes de la maison royale. Le séjour habituel que la plupart de ces princes ont fait dans la province a quelquefois forcé les habitants à s'associer aux querelles et aux guerres que ces princes ont eues avec le gouvernement, ce qui a attiré sur les gentilshommes et les habitants du Berry plus de préjudice que d'avantages, plus de gloire que de profit. Cette assertion sera constatée par les faits dont nous allons rendre compte.

Les dissensions des maisons de Bourgogne et d'Orléans attirèrent de nouveau sur le Haut-Berry tous les malheurs de la guerre.

Jean de France, Duc de Berry, ayant embrassé le parti de la maison d'Orléans, fit de la ville et de la Grosse-Tour de Bourges sa principale place d'armes, s'empara des places fortes du Berry, où il mit garnison. Le Duc de Bourgogne, qui tenait le Roi en sa puissance, l'amena en Berry à la tête d'une armée nombreuse; il fit assiéger et raser les châteaux, et vint faire au nom du Roi, en 1412, le siége de Bourges, défendu par le Duc de Berry. Les grands seigneurs de la province se trouvèrent partagés, les uns tenaient le parti du Roi, les autres soutenaient la cause de leur Duc ; tous furent victimes de leur mésintelligence et de leur désunion. Chaque parti, par représailles, se livra au pillage et à la dévastation. Les châteaux furent pour la plupart démolis, les campagnes rançonnées et ravagées, depuis la Loire jusqu'au Cher. Cette seconde époque des malheurs du Haut-Berry est encore une des principales causes de la dépopulation du pays , et particulièrement de la ruine presque totale de tous les anciens châteaux.

Une observation très importante, c'est que le genre d'architecture, l'espèce de fortifications, les formes de constructions de la plupart des châteaux qui existent aujourd'hui dans le département du Cher, attestent que leur rétablissement ne remonte pas au-delà du règne de Charles VI.

La démence de Charles VI, le cœur dénaturé d'Isabeau de Bavière, sa femme, les menées de Jean-Sans-Peur, de Philippe-le-Bon , Ducs de Bourgogne, l'ambition de Henri V, roi d'Angleterre, plongèrent de nouveau la France dans toutes les horreurs de la guerre et de l'anarchie, et particulièrement la partie du Haut-Berry.

Charles VII, d'abord Duc de Berry en 1415, Dauphin de France et régent du royaume en 1418, proscrit et persécuté par son père et sa mère, parvenu au trône en 1422, abandonné par une partie des provinces révoltées contre lui, en butte à la haine et à la puissance formidable du Duc de Bourgogne et du Roi d'Angleterre, ne trouva d'asile qu'à Bourges, et de ressources que dans la fidélité et le courage des habitants du Berry. Tous offrirent à ce malheureux roi corps et biens, et s'empressèrent de le secourir par tous les moyens qui furent en leur pouvoir.

L'exemple mémorable de dévoûment que donnèrent à toute la France les grands seigneurs du Berry, notamment Jean Stuart, seigneur d'Aubigny, les Maréchaux et Amiraux de Culan, les Comtes de La Châtre et de Grandcourt, les Barons de Boussac, de Fontenay et de Bar, ramena dans le parti du Roi tous les grands du royaume, rappela dans le cœur des peuples la fidélité qu'ils devaient à l'héritier du trône, réveilla dans Charles VII lui-même l'amour de la gloire. C'est à l'aide de ses fidèles sujets qu'il parvint à reconquérir son royaume et à chasser les Anglais de la France.

Cette troisième époque, qui fut extrêmement désastreuse pour le Haut-Berry, est aussi le moment le plus glorieux et le plus mémorable de la fidélité et de l'attachement de nos pères à leur légitime souverain.

Le règne de Louis XI fut tout à la fois une occasion de troubles et de discordes et une époque de protection et de bienfaisance pour le Haut-Berry.

Louis XI, que l'histoire a signalé comme un grand politique, était plus méfiant et dissimulé que profond et clairvoyant. La ruse et la finesse avaient plus de part à ses conseils que la prudence et la bonne foi. Il commit deux grandes fautes qui eurent pour la France des suites très funestes. La première fut d'avoir, à son avènement au trône, indisposé contre lui les grands du royaume et destitué la plupart des officiers qui avaient si fidèlement servi le Roi, son père; ce qui occasionna dans le royaume, et particulièrement dans le Haut-Berry, la guerre et la ligue du bien public.

La seconde, de s'être opposé à ce que son frère Charles, duc de Berry, épousât Marie, fille unique et héritière de Charles-le-Téméraire, duc de Bourgogne, et d'avoir souffert que cette princesse portât dans la maison d'Autriche cette riche succession, en épousant Maximilien d'Autriche. Ce mariage a été la source des guerres continuelles qui ont eu lieu depuis entre les maisons de France et d'Autriche.

Pour me renfermer dans ce qui concerne le département du Cher, Charles de France, duc de Berry, frère de Louis XI, avait reçu de Charles VII, son père, en 1453, le duché de Berry en apanage. Ce prince, d'une complexion délicate et d'un caractère faible, était d'un naturel doux et bienfaisant. Ses heureuses qualités l'avaient rendu extrêmement cher aux habitants de son apanage. Lorsque ce Prince, entraîné par les Ducs de Bourgogne et de Bretagne, leva l'étendard de la révolte contre le roi, son frère, sous le prétexte du bien public, les grands seigneurs du Berry, tels que les Comtes de Sancerre et de Châteauroux, se vouèrent particulièrement au service du duc de Berry et entraînèrent dans son parti la noblesse de la province.

Louis XI se rendit en Berry pour prévenir les suites du mécontentement qui s'y manifestait, et pour s'assurer de la ville et de la Grosse-Tour de Bourges. Mais l'officier qui y commandait pour le duc de Berry lui en refusa l'entrée. Les seigneurs et les propriétaires lui opposèrent une telle résistance qu'il fut obligé de se retirer. Louis XI ne parvint à soumettre la province que par suite du traité de Conflans qu'il fit avec le Duc de Berry, et d'après les lettres formelles de ce prince, données à Saint-Maur, le 28 octobre 1465, signifiées au commandant de la Grosse-Tour de Bourges et à tous les officiers des villes et châteaux de la province, par lesquelles le Duc de Berry leur notifiait qu'il avait fait remise du duché de Berry à la couronne, à la place du duché de Normandie, que le roi, son frère, lui avait abandonné. On peut juger par ce récit de ce qu'était alors l'autorité royale.

Depuis cette époque, toute la province resta constamment attachée à Louis XI. Ce prince, né à Bourges, affectionnait particulièrement son pays natal. Loin d'avoir su mauvais gré aux habitants du Berry de l'attachement qu'ils avaient témoigné au Duc de Berry, son frère, il les en estima davantage. Il disait, peut-être autant par politique que par conviction, que c'était pour lui un garant de plus de leur fidélité. Il répandit des bienfaits de toute espèce dans la province, accorda à la ville de Bourges de grands privilèges. Il obtint en 1463, du pape Paul II, une bulle portant érection ou rétablissement de l'Université de Bourges. Ce recours au pape pour fonder une Université est bien en contradiction avec les principes et les idées reçues aujourd'hui.

Pour consolider cet établissement et pour en assurer l'avantage et la perpétuité, Louis XI appela, pour enseigner dans les écoles de Bourges, les hommes les plus renommés en France ou chez l'étranger par leurs talents et érudition, auxquels il assura une existence honorable et un traitement avantageux. Ce choix de savants et de gens de premier mérite pour professer dans l'Université de Bourges s'est perpétué, pendant plus de deux cents ans, et a attiré pendant long-temps dans la ville de Bourges jusqu'à six mille écoliers de toutes les contrées de l'Europe, parmi lesquels il y avait des enfants de princes-souverains qui venaient particulièrement pour étudier le droit romain, qui était alors en grande vénération.

La prédilection de Louis XI pour l'Université de Bourges

excita les murmures et la jalousie de l'Université de Paris et des autres Universités du royaume ; cette jalousie de savoir et de métier devint la source et la cause des mauvaises plaisanteries qu'on se permit sur les docteurs de Bourges et sur les armes de l'Université , qu'on soutenait être un âne dans un fauteuil, tandis que les armes que Louis XI avait données à l'Université de Bourges étaient trois fleurs de lys, surmontées d'une main portant un livre. Le ridicule dans tous les temps a été l'arme dangereuse dont se sont servis la jalousie et la méchanceté.

Quoi qu'il en soit, Louis XI donna le duché de Berry en apanage à François de France, son troisième fils, en 1472. Ce prince mourut à Amboise l'année suivante, et le Berry fut réuni de nouveau à la couronne.

Louis XI, malgré tous les reproches qu'on a faits à sa mémoire, a été un des insignes bienfaiteurs de la province; il avait appelé auprès de sa personne et dans son conseil plusieurs habitants du Berry. A la mort de Charles, Duc de Guyenne et de Berry, son frère, il fit arrêter tous ceux qui étaient restés au service de ce prince jusqu'à sa mort. Dans le nombre il se trouva plusieurs habitants du Berry qui lui étaient restés fidèlement attachés, entre autres Claude de La Châtre, seigneur de Nançay, qui, malgré les instances et les caresses de Louis XI, demeura au service et dans les intérêts de son frère jusqu'à sa mort. Louis XI, par une suite de l'inconséquence de son caractère, fit mettre en liberté les anciens serviteurs de son frère et les attacha à son service ; soit par politique ou par crainte , il faisait cas des gens qui lui résistaient. Il confia à ce même Claude de La Châtre la garde de sa personne et le fit capitaine de ses gardes; il choisit pour secrétaire intime M. de Bochetel, habitant de Bourges, dont le fils a été depuis ministre de François Ier. Il honora d'une confiance particulière Pierre Tullier, avocat-général du Duc de Berry, et depuis avocat

du roi à Bourges, magistrat aussi intègre qu'éclairé ; il le
chargea, par une commission spéciale, de surveiller l'administration de la justice dans les provinces d'Auvergne,
du Bourbonnais et du Berry, et de lui rendre compte des
prévarications et des abus qui s'y commettaient. Ce Pierre
Tullier est un des ancêtres d'une famille très recommanda-
ble de la province.

Charles VIII, fils de Louis XI, conserva pour la province
du Berry la même affection et la même bienveillance que le
roi, son père, avait témoignées à ses habitants. Ce prince
forma en 1485, pour la prospérité de la province et pour y
ranimer le commerce, le même projet qui a été présenté
depuis par M. de Trudaine au conseil de Louis XV, dont je
rendrai compte par la suite.

Ce projet consistait à faire de la ville de Bourges un entrepôt général pour le commerce du royaume et à rendre
cette ville le centre des communications de la Flandre avec
le Languedoc, du Poitou avec la Bourgogne et la Champagne.
Si ces deux projets ont été les mêmes à deux époques éloi-
gnées l'une de l'autre, les moyens que l'on a voulu employer
pour leur exécution ont été différents.

Charles VIII, pour remplir son but, ordonna, par lettres-
patentes de 1484, de transférer de Lyon à Bourges deux
fameuses foires, qu'il ne faut pas confondre avec les anciennes foires de Saint-Ambroise. Ces deux foires furent
établies à Bourges par les Commissaires du Roi, malgré les
vives oppositions de la ville de Lyon ; l'une se tenait à la
fête de la Toussaint, l'autre à la fête de Pâques. Ces deux
foires étaient un point central, un rendez-vous commun,
où se réunissaient les négociants des quatre parties de la
France, où ils faisaient l'échange de leurs marchandises ;
ils y concertaient entre eux la forme et l'époque des paie-
ments, et réglaient les différentes espèces de commandes
qu'ils avaient à se faire.

L'incendie de la Madelaine, arrivé en 1487, réduisit en cendres plus de la moitié de la ville de Bourges, consuma les magasins des négociants, ruina les manufactures et fit déserter de la ville la plupart des habitants et surtout les négociants étrangers qui étaient venus s'y établir et qui transportèrent ailleurs leurs fonds et leur industrie. Cet incendie porta au commerce de la ville un coup mortel dont il ne s'est jamais relevé. Charles VIII fut obligé de transférer de nouveau ces deux foires dans la ville de Lyon.

Je crois devoir rendre compte d'un fait dont j'ai été le témoin et qui donnera une idée du préjudice que cet incendie de la Madelaine a porté au commerce de Bourges.

Étant en garnison à Lille, curieux de connaître tous les établissements qui existaient dans cette grande ville, je fus visiter et examiner dans un grand détail les métiers d'une manufacture de laine ; le directeur, qui m'accompagnait, m'y fit voir une étoffe qui s'y fabriquait, qu'il appela devant moi une *Bourgienne* ; frappé de ce mot, je lui en demandai l'étimologie ; il me répondit que cette étoffe, qui était connue en France sous le nom de Camelot de Lille, avait été inventée à Bourges, où elle avait été fabriquée pendant long-temps ; qu'à la suite d'un incendie arrivé dans Bourges sur la fin du XVe siècle, qui avait ruiné les manufactures et les négociants, les magistrats de Lille avaient offert aux fabricants de leur faire de grosses avances, de leur accorder de grands priviléges s'ils voulaient venir s'établir à Lille et y apporter leurs talents et leur industrie ; que cette proposition ayant été acceptée, les fabricants avaient donné à ces étoffes le nom de Bourgiennes, en signe et mémoire de leur origine primitive ; il m'ajouta qu'il jouissait encore des priviléges accordés à cet établissement. Il m'observa en outre que ces étoffes, fabriquées d'abord à Bourges, avaient autrefois bien plus de lustre et d'éclat à raison de la qualité supérieure des eaux de Bourges pour teindre la laine et pour faire ressortir les couleurs.

On peut juger d'après cela de quelle importance serait pour la ville de Bourges l'établissement d'une manufacture en laines; elle aurait sous sa main les matières premières, elle aurait la certitude d'un excellent teint pour la laine, enfin elle aurait la main-d'œuvre à bien meilleur marché qu'à Lille.

Louis XII parvenu au trône, fit prononcer la nullité de son mariage avec Jeanne de France, fille de Louis XI; il lui donna l'usufruit et la jouissance du duché de Berry. Cette vertueuse princesse se retira à Bourges, en 1498, dans le palais des ducs de Berry, qui forme aujourd'hui l'hôtel de la préfecture. Elle y institua l'ordre de l'Annonciade. Après avoir signalé son séjour à Bourges par toute espèce de bienfaits, par l'exemple de toutes les vertus, par une charité sans bornes, elle mourut à Bourges, en 1504, en odeur de sainteté. On prétend que quelque temps après sa mort Louis XII vint, incognito, visiter son tombeau qu'il arrosa de ses larmes.

Ce qu'il y a de certain, c'est que Louis XII et Anne de Bretagne, sa femme, vinrent prendre possession du duché de Berry et firent leur entrée solennelle dans la ville de Bourges en 1505.

Une circonstance qui peut donner une idée des mœurs de ce temps-là, c'est que le bon roi Louis XII, qui disait que le roi de France ne pouvait pas venger les injures faites au duc d'Orléans et qui n'avait conservé aucun ressentiment de sa longue dé   tion dans la Grosse-Tour de Bourges, fit avec les maires et échevins de Bourges un accord pour faire représenter avec une grande pompe, pendant son séjour à Bourges, l'histoire de la Passion. On éleva dans l'Ancienne fosse des Arènes un vaste théâtre, et pendant plusieurs jours, toute la cour et une foule immense de spectateurs

assistèrent à cette représentation. Dans des mémoires ma-
nuscrits de nos familles, on parle de cette fête comme d'une
chose merveilleuse et sans exemple.

François Iᵉʳ. avait pour capitaine de ses gardes et pour
gouverneur de ses enfants, Gabriel de La Châtre, et pour
un de ses ministres, Guillaume de Beauchetel. Ces deux
gentilshommes, originaires du Berry, où ils avaient leurs
possessions et toute leur famille, intéressèrent la bienfaisance de François Iᵉʳ. en faveur de la province et particulièrement de la ville de Bourges. Ils firent adopter au conseil du roi le projet de rendre la rivière d'Auron navigable
depuis Dun-le-Roi jusqu'à Vierzon. Le roi, pour faciliter
l'exécution de ce projet, accorda, pendant sept ans, une
somme annuelle de 7,142 livres. On voit encore, en plusieurs endroits, les voies qu'on avait construites pour placer les écluses et faire passer les bateaux. Ce projet n'eut
sa pleine exécution que sous le règne d'Henri II, et la rivière d'Auron ne commença à porter bateau qu'en 1553.
Les malheurs des guerres civiles dont je vais bientôt rendre
compte ne permirent pas d'entretenir et de conserver cet
établissement précieux.

Je passe à une époque la plus curieuse, la plus importante et la plus désastreuse pour le Haut-Berry : celle des
guerres civiles dont la religion fut le prétexte et dont notre
pays fut le principal théâtre et la malheureuse victime.

Calvin, fameux par un esprit d'orgueil et d'ambition qui
le porta à s'élever contre la doctrine catholique, fit une
partie de ses études à l'Université de Bourges. Marguerite
d'Orléans, sœur de François Iᵉʳ., reine de Navarre et duchesse de Berry, honora d'une faveur particulière tous les
gens de lettre et les savants de son siècle; elle distingua
dans Calvin le germe d'un grand talent et d'un beau génie,
elle le prit sous sa protection; mais il abusa bientôt des
bontés de cette princesse pour jeter dans le Haut-Berry les

premières semences de ses erreurs monstrueuses et de ses
principes séditieux ; il en donna les premières leçons dans
le village d'Asnière , près de Bourges. Ses succès l'enhar-
dirent et l'engagèrent à aller jusqu'à Sancerre. En peu de
temps il eut un grand nombre de prosélytes. Le bruit de
son apostolat souleva contre lui le clergé et les magistrats ;
il fut obligé de sortir de la province ; mais il y conserva des
partisans qu'il a toujours chéris comme ses premiers nés.

Sa doctrine perverse jeta en peu de temps les racines les
plus profondes en France, en Suisse et surtout à Genève,
où il fut joint par plusieurs habitants du Berry qui s'y éta-
blirent. Je citerai parmi eux les membres des familles Gi-
raud , Bouer , Colladon et Du Peyroux.

Les querelles de religion devinrent un prétexte pour soutenir et alimenter l'ambition de deux partis redoutables qui
divisaient la cour et le royaume à l'avènement de François II
à la couronne. Les Guises se servirent de l'attachement des
peuples à l'ancienne religion de leurs pères pour s'emparer
de l'autorité. Le roi de Navarre et le prince de Condé pro-
fitèrent à leur tour du penchant et de l'amour des peuples
pour la nouveauté , ils s'en servirent pour accréditer les
nouvelles opinions religieuses et pour se rendre puissants
et redoutables à l'autorité royale. De cette source empoi-
sonnée sont sorties toutes les dissensions, toutes les querelles qui ont inondé la France depuis le règne de François
Second jusqu'à celui de Henri IV. De là la conjuration
d'Amboise , la Sainte-Ligue , la journée de Saint-Barthelemi, etc.

Pour me renfermer dans ce qui concerne le département
du Cher , je dirai d'abord que Henri II donna la jouissance
et l'usufruit du duché de Berry à Marguerite de France ,
sa sœur, épouse d'Emmanuel-Philibert, duc de Savoie ;
cette princesse étant morte en 1574 , Henri III donna, par
lettres-patentes de 1576 , le duché de Berry en apanage

à François de France, son frère, cinquième fils de Henri II ;
ce prince étant mort en 1584, Henri IV, parvenu au trône,
donna la jouissance et l'usufruit du duché de Berry à Louise
de Lorraine, reine de France et veuve de Henri III. Ces
membres de la famille royale, apanagistes ou usufruitiers
du duché de Berry, ne prirent aucune part aux discordes
civiles dont je vais rendre compte.

La secte de Calvin s'étant propagée dans le Haut-Berry,
les Calvinistes se réunirent à Bourges, en 1561, et y firent
la cène pour la première fois. Bientôt après ils excitèrent
dans la ville une sédition populaire, qui fut apaisée par la
sagesse des magistrats. Ils ne s'en tinrent pas là ; au mois
de mai 1562, ayant à leur tête le comte de Montgomery,
ils surprirent la ville de Bourges au moyen des intelligences
qu'ils y avaient. Ils commencèrent par désarmer les catholiques, se livrèrent ensuite à tous les excès de la fureur et
du brigandage : ils pillèrent les églises, enlevèrent les
vases sacrés, volèrent entre autres choses un treillis d'argent
que Louis XI avait donné à Notre-Dame-de-Sales, après
sa guérison de sa fièvre-quarte ; ils profanèrent les tombeaux, brûlèrent les corps et les reliques des saints, et notamment le corps de la reine Jeanne, duchesse de Berry,
qui était morte en odeur de sainteté, et qui, depuis, a été
canonisée sous le nom de Sainte Jeanne. Ils tinrent conseil
pour savoir s'ils démoliraient l'église cathédrale de Bourges ;
ils en furent dissuadés par un catholique qui leur fit concevoir l'espérance d'en faire un temple consacré à l'exercice
de leur nouvelle religion. Cette réflexion ne les empêcha
pas de mutiler les ornements et les figures sculptées au
portique de l'église cathédrale. On voit encore aujourd'hui
les dégradations qu'ils y ont faites.

Les Huguenots se répandirent ensuite dans les campagnes,
leur animosité s'exerça particulièrement sur les abbayes et
les établissements religieux. Ils pillèrent les églises, en

2

brûlèrent plusieurs; ils attaquèrent les châteaux des seigneurs catholiques, incendièrent les habitations.

C'est à l'occasion des ravages de toute espèce qu'ils com-
mirent dans le Haut-Berry, que les gentilshommes, les
censitaires et leurs vassaux, se réunirent pour rétablir les
fortifications des châteaux ; ils creusèrent des fossés, éle-
vèrent des murailles crénelées dont on voit encore les
traces, rétablirent les tours pour se défendre et se mettre à
l'abri d'un coup de main. Les paysans secondèrent de leurs
bras et de tous leurs moyens la restauration de ces places
fortes, qui étaient un point de ralliement. Les habitants
riverains y conduisaient ce qu'ils avaient de plus précieux,
et la paroisse fournissait une garde pour la sûreté commune.

Les catholiques, sous la conduite de MM. de La Châtre,
Seigneurs de Nançay et de la Maisonfort, de MM. Dupuy,
Seigneurs de Vatan, de Dames et du Coudray, de MM. de
Montsaulnin, Seigneurs de Fontenay, de M. d'Andreuilt,
Seigneur de Langeron, gouverneur de La Charité, de
M. de Bar, Seigneur de Buranlure, formèrent des com-
pagnies commandées par les gentilshommes du pays, pour
résister à l'oppression et repousser la force par la force.

Le roi et la reine sa mère vinrent en personne au secours
des catholiques du Haut-Berry ; ils assiégèrent la ville de
Bourges au mois d'août 1562, défendue par les Huguenots,
et après 15 jours de siège, Charles IX, a la faveur des intelligences qu'il avait avec les catholiques, s'empara de la
ville, y rétablit l'ordre et pourvut à sa défense.

Mais la prise de Bourges ne termina pas la guerre civile.
Les catholiques, qui se maintinrent en force dans la ville
de Bourges, les calvinistes, qui avaient choisi Sancerre
pour leur place d'armes, continuèrent à se battre avec un
égal acharnement pendant les règnes de Charles IX et
de Henri III. Le Haut-Berry fut en proie à toutes les cala-
mités de la guerre civile. Cependant, lors du massacre de la

journée de Saint-Barthelemi , plusieurs catholiques de la ville de Bourges donnèrent asile , dans leurs maisons , à des calvinistes et parvinrent à en soustraire plusieurs à la fureur du peuple qui égorgea , à Bourges , inhumainement , plus de 50 habitants calvinistes. Ceux qui purent échapper au premier accès de la fureur populaire se sauvèrent à la faveur d'un déguisement, les uns à Sancerre , les autres en Allemagne , plusieurs dans les châteaux du Berry dont les seigneurs avaient embrassé la réforme.

Sur la fin du règne de Henri III et à l'avènement de Henri IV à la couronne, il s'ouvrit, dans le Haut-Berry, une nouvelle scène de confusion, de désordres et de brigandages. Les choses changèrent de face, les passions et l'ambition trouvèrent un nouvel aliment ; ce n'étaient plus les catholiques qui se battaient contre les calvinistes , mais les royalistes qui combattaient contre les seigneurs. L'étendard royal et le panache de Henri IV avaient réuni au soutien de sa cause des ennemis auparavant acharnés les uns contre les autres.

Claude de La Châtre , depuis maréchal de France, avait été fait gouverneur et Grand Bailly de Berry, en 1569. Son nom et ses emplois lui donnaient, dans la province, autant de considération que de pouvoir. Il prit part, comme tous les grands seigneurs, aux intrigues de la cour; il entra dans le parti de la ligue. Henri III , qui s'était reconcilié avec le roi de Navarre et qui avait été forcé de se réunir à lui , destitua, par lettres-patentes données à Tours, au mois de mai 1589 , Claude de La Châtre de toutes les charges et emplois qu'il lui avait confiés, révoqua tous les pouvoirs qu'il lui avait donnés pour commander dans le Berry et l'Orléanais. Henri III nomma à la place de M. de La Châtre, M. de La Grange-Montigny , qui fut depuis maréchal de France. Le roi remit entre les mains de M. de La Grange la plénitude de son autorité pour l'exercer dans le Berry et l'Orléanais, et surtout pour s'opposer aux entreprises du sieur de La Châtre.

Ces deux seigneurs gentilshommes du Berry, alliés à toute la noblesse de la province, devinrent chefs de parti, l'un pour la ligue, l'autre pour le roi. Nés tous les deux avec de grands talents militaires, ils fomentèrent dans la province la guerre civile la plus sanglante et la plus désastreuse. Chacun d'eux s'efforça d'attirer dans son parti ses parents et ses amis. Les familles se divisèrent, les enfants se battaient contre leurs pères, les gens de guerre se livraient à tous les excès de la licence et du brigandage ; les villes étaient en proie à la sédition et au pillage, les châteaux étaient alternativement assiégés, pris et saccagés ; les campagnes volées, brûlées et ravagées. Il est impossible de peindre la dévastation de tout le pays et la misère affreuse où le peuple du Haut-Berry fut réduit.

On peut, d'après ce récit, aisément concevoir qu'il resta dans le Haut-Berry bien peu de châteaux sur place, et que ceux qui existent aujourd'hui n'offrent que des traces informes des anciennes fortifications.

Ce qui paraîtra bien étonnant, c'est que dans cet état de désordre et de licence, les deux chefs de parti exerçaient sur ceux qui s'étaient attachés à leur cause l'empire le plus absolu et le pouvoir le plus tyrannique. Pour en donner une idée, un gentilhomme de la province, nommé de Francière du Coudray, dont les descendants existent aujourd'hui à Vierzon et possèdent encore la terre du Coudray, commandait un régiment sous les ordres de M. de La Châtre ; il eut une querelle avec le sieur de La Plante, gouverneur de Mehun, et le menaça de le tuer partout où il le trouverait ; M. de La Châtre, qui en fut instruit, lui fit défense de méfaire n'y médire au gouverneur de Mehun. Du Coudray n'en tint compte : ayant rencontré La Plante à Orléans, sur la place du Martrois, il mit l'épée à la main contre lui

et le tua. M. de La Châtre fit arrêter sur-le-champ Du Coudray par ses gardes, le fit amener devant lui; après lui
avoir reproché durement sa désobéissance, il lui passa son
épée à travers le corps et le laissa mort à ses pieds, en pré-
sence de grand nombre de gentilshommes qui étaient autour de lui.

Il est difficile de pouvoir allier un pareil despotisme de
la part du chef avec l'esprit de licence et d'indépendance
qui animait ses subordonnés. C'est peut-être cet acte de
violence qui détacha du parti de M. de La Châtre plusieurs
gentilshommes de la province. Regnaud de Beaune, archevêque de Bourges, parvint à sortir de la ville de Bourges,
où M. de La Châtre était tout-puissant; il fut rejoindre
Henri IV, qui fit entre ses mains, à Saint-Denis, en 1593,
l'abjuration publique de son hérésie. L'exemple de l'archevêque de Bourges entraîna dans le parti du Roi une grande
partie du Berry, et força M. de La Châtre à faire un accom-
modement avec le Roi.

Quoi qu'il en soit, à l'époque où Henri IV parvint à
pacifier son royaume, le Haut-Berry offrait le spectacle
affligeant d'un pays où la guerre civile avait exercé les ravages les plus meurtriers sur les habitants et les habitations.

Le bon Roi Henri IV, aidé des conseils de Sully, qui
avait acheté en Berry les terres de Montrond, de Montfaucon et d'Henrichemont, accorda une protection particulière à la province du Berry. Ce prince procura des secours
de toute espèce aux malheureux habitants des campagnes.
Dans l'impossibilité où il était de donner de l'argent aux
gentilshommes que la guerre avait ruinés, il les consolait,
les encourageait par des témoignages de bonté et d'affection. Plusieurs familles de la province conservaient, avant
la révolution, des lettres de ce bon Prince, qui marquait
à l'un : « Capitaine Durbois, mon ami, je souffre autant
» que vous de ne pouvoir pas vous faire tout le bien que je

» voudrais et que vous méritez. » A l'autre : « Je vous en-
» voie mon épée, employez-la à mon service ; elle ne peut
» pas être en de meilleures mains. » Ces propos et d'autres
qu'il serait trop long de rapporter, se sont transmis dans
nos familles et y vivront éternellement.

Le Haut-Berry respira pendant quelques années. M. de
La Châtre, maréchal de France, rétabli dans son gouvernement du Berry, en donna la démission en 1615. Henri de
Bourbon, Prince de Condé, fut nommé à sa place Gouverneur et Commandant de la province. Il vint en personne
prendre possession du gouvernement du Berry ; mais bientôt après, mécontent de la Cour, il se souleva contre elle
et publia un manifeste sanglant contre le gouvernement.
La Reine régente, malgré le traité qu'elle avait fait à Lou-
dun avec le Prince de Condé, le fit arrêter et conduire à
Vincenne en 1616. Elle envoya le Maréchal de la Grange-
Montigny pour commander à sa place dans la province ; il
assiégea et prit la Grosse-Tour de Bourges, qui tenait
pour le prince de Condé, il s'empara de toutes les places
fortes et contint les habitans du Berry dans l'obéissance. Le
Roi, en 1619, fit sortir de prison le Prince de Condé; il
n'eut pas dans la suite de sujet plus fidèle.

Ce Prince, dont la mémoire est en singulière vénération
dans le Berry, donna à ce pays toute espèce de témoignages
de bienveillance et d'affection. Il était juste et ferme, extrêmement affable et bienfaisant; il inspirait une telle confiance dans son gouvernement, que tous les gentilshommes
soumettaient à son arbitrage tous leurs différends. Nous
avons dans nos familles plusieurs décisions qu'il a prononcées
avec autant de sagesse que de justice. Il affectionnait beaucoup cette province, où il possédait de grands biens. Il
avait acquis des descendants de la maison de Déols la principauté de Déols et de Châteauroux ; de MM. Debeuil,
Comtes de Sancerre, la terre de Sancerre ; de M. de Sully,

la terre de Montfaucon, aujourd'hui Villequiers, la seigneurie d'Orval et le château de Montrond; de MM. Le Roi, la terre de Saint-Florent, ce qui mettait dans sa dépendance presque toute la province. Il mourut en 1646, emportant les regrets et les hommages de toute la province qui perdit en lui un protecteur et un appui.

Louis de Bourbon, Prince de Condé, son fils, auquel la nation déféra le titre de *Grand Condé*, succéda au gouvernement de Berry et aux terres que son père possédait dans la province. Il avait été baptisé dans la cathédrale de Bourges et élevé au collège des Jésuites de cette ville. J'ai encore vu l'espèce d'estrade où il s'asseyait dans les classes. Etant au collège il eut une querelle avec un jeune gentilhomme du pays, auquel il tint quelques propos désobligeants et qui lui en demanda raison. Il accepta le défi, se trouva au rendez-vous et tira son épée pour se battre; mais son adversaire, jetant son épée aux pieds du Prince, lui dit qu'il était vengé puisqu'il avait eu la gloire de faire mettre les armes à la main à un Condé.

Ce prince, après la mort de son père, continua à signaler sa carrière militaire par des actions mémorables; il commanda l'armée de Flandre en 1648 et gagna la fameuse bataille de Lens; mais il mit ses services à trop haut prix et devint rebelle à force de prétentions. La Reine régente le fit arrêter le 18 janvier 1650, avec les Princes de Conti et de Longueville, et les fit conduire à Vincenne.

Le Roi donna le commandement de Berry à M. de Beauvilliers, Comte de Saint-Agnan. Mme. la Princesse de Condé, pendant la détention de son mari, se retira avec son fils au Château de Montrond. Un grand nombre de gentilshommes de la province se rendit auprès d'elle et se réunit aux troupes qui s'assemblaient sous les ordres du Marquis de Persan, pour soutenir la cause du Prince de Condé.

Le Roi et la Reine, sa mère, firent entrer des troupes dans le Berry, dont les habitants leur étaient suspects à raison de l'attachement que la noblesse de la province avait pour la maison de Condé ; alors il se forma dans la province deux partis de gens armés qui se battirent avec un égal acharnement pendant les troubles de la Fronde et qui renouvelèrent tous les désordres et les malheurs de la guerre civile.

Cependant les Princes sortirent de prison en 1651. M. le Prince de Condé, conservant un profond ressentiment de sa détention, se disposa à renouveler la guerre civile. Il revint en Berry, où il fit une grande levée de troupes ; sa place d'armes était au château de Montrond. Profitant de l'affection que les gentilshommes et les habitants du Berry avaient pour lui, il établit des postes et une communication depuis Montrond jusqu'à Sancerre ; le château de Baugy était le point central et de ralliement ; des détachements partis de différents points se réunissaient pour surprendre les châteaux et piller les campagnes.

Le Prince éprouva une grande résistance de la part de la ville de Bourges. M. de Biet de Maubranche, lieutenant-général et maire de la ville de Bourges, déjoua toutes les menées que firent les partisans du Prince pour s'assurer de la ville et pour la soustraire à l'obéissance du Roi. Ce magistrat résista en face à M. le Prince de Conti et à MM. de Longueville, que le Prince de Condé avait laissés dans la ville pour y soutenir ses intérêts. M. de Maubranche envoya secrètement son fils au Roi pour lui rendre compte des projets que l'on formait contre son service et son autorité. La sagesse et la fermeté que déploya M. de Maubranche pour maintenir le bon ordre dans la province et contenir les habitants de Bourges dans la fidélité qu'ils devaient au Roi, attirèrent sur lui le ressentiment des Princes ; ils firent piller son château de Maubranche et le firent arrêter et conduire au château de Montrond.

Le Roi et la Reine, sa mère, se rendirent à Bourges à la tête d'une armée nombreuse. L'officier qui la commandait ayant fait pendre, comme rebelle, un officier de l'armée de Condé, qui fut fait prisonnier, M. le Prince ordonna, par représailles, de faire pendre au pont-levis du château de Montrond M. de Maubranche, maire de Bourges. Il fut prévenu vingt-quatre heures d'avance du sort qui lui était destiné; il profita de cet intervalle pour écrire à son fils une lettre que j'ai vue en original : « il lui marquait qu'il s'estimait » heureux de mourir pour son Roi; il lui recommandait de » sacrifier vie et biens au service de son souverain et de ne » jamais se départir de la fidélité qu'il lui devait; enfin il » ajoutait : que le plus grand bien qu'il pouvait lui laisser » c'était l'exemple qu'il lui donnait d'un homme d'honneur » et d'un serviteur fidèle. »

Cette lettre, qui fut interceptée, lui sauva la vie; elle inspira au Prince une telle estime pour ce brave homme, qu'il révoqua l'ordre qu'il avait donné de le faire périr.

On a vu de nos jours les descendants de cet homme de bien dans la personne de MM. de Biet, de la Tremblais, Mmes. d'Houet et de Villeneuve-Bargemont.

Les troubles et les discordes civiles furent terminés par la démolition de la Grosse-Tour de Bourges, par la prise du château de Montrond, de celui de Baugy et de toutes les places du Haut-Berry qui tenaient pour le Prince de Condé, dont la plupart furent rasés; toute la province rentra sous l'obéissance du Roi.

Une remarque importante à faire, c'est que depuis le règne de Louis-le-Jeune, c'est-à-dire à remonter jusqu'en 1157, jusqu'à la fin de la minorité de Louis XIV, le Berry a presque toujours été le théâtre et la victime des discordes et des guerres civiles. D'après cela il n'est pas étonnant que les anciens monuments aient été détruits et que les châteaux qui subsistent encore offrent des traces très imparfaites des anciennes fortifications.

Mais poursuivons et attachons-nous particulièrement à faire connaître les suites funestes qui ont résulté, pour le département du Cher, des évènements dont nous avons rendu compte, l'influence qu'ils ont encore sur son commerce, son agriculture et sur la destinée de ses habitants.

Louis XIV ayant pris en main les rênes du gouvernement, confia l'administration de ses finances à M. Colbert, qui acquit en Berry les terres de Châteauneuf, Lignières et de Bois-Siramé. Ce ministre, dont le génie supérieur embrassait toutes les parties de l'empire, sentit que le Haut-Berry ne pouvait se relever des pertes et des malheurs que la guerre civile lui avait fait éprouver, que par des secours particuliers du gouvernement. Il forma le projet de vivifier ce malheureux pays, d'y faire fleurir le commerce et d'y ranimer l'agriculture; mais les guerres continuelles du siècle de Louis XIV mirent obstacle aux projets de M. Colbert et à ses vues bienfaisantes.

Le Berry, dévasté pendant si long-temps, resta sans secours, sans commerce, sans communications et sans aucuns moyens de prospérité. La plupart des villages qui avaient été incendiés ou détruits ne furent point rétablis; les habitants de la campagne, hors d'état de faire les avances primitives et nécessaires pour l'exploitation des biens ruraux, tombèrent dans l'état d'insouciance et d'apathie qui les distingue encore aujourd'hui. Le défaut d'habitations que la guerre avait détruites, le manque de bras, firent réunir les exploitations rurales en grande masse: de cinq ou six maisons qui formaient un village, on en fit un gros domaine ou métairie, où des colons sans industrie, sans activité, toujours aux prises avec la misère, esclaves ser-

viles d'une ancienne routine, laissèrent des terrains im-
menses sans culture.

Les grands Seigneurs quittèrent la province pour aller
habiter Paris ; les gentilshommes et les propriétaires, ruinés par les guerres, ne purent relever leurs châteaux et
leurs habitations; ils ne parvinrent à soutenir leurs familles qu'avec de grandes privations et une stricte économie, commandées par le besoin et la nécessité. De manière
que l'esprit d'ordre et d'économie est devenu une habitude
et est encore aujourd'hui la seule richesse des habitants du
département du Cher. Enfin le peu d'aisance des propriétaires, la difficulté du débit et du transport des denrées dans
un pays où il n'y a ni grands chemins, ni rivières navi-
gables, la rareté du numéraire, ont paralysé l'industrie
et tari toutes les sources du commerce.

Tel est l'état de misère et de détresse auquel le Berry a
été abandonné sous le règne de Louis XIV ; son sort n'a
point été amélioré sous le règne de Louis XV. On pourrait
même dire que ce canton de la France a encore été plus
négligé par les Ministres de Louis XV.

En effet, le Haut-Berry n'a profité ni des établissements
qui ont été faits, ni des grandes routes qui ont été tracées
pendant le cours de ce règne, pour porter l'abondance et la
prospérité dans tout le royaume. La province tomba dans
un tel état de misère et d'inertie, que Mirabeau, l'auteur de
l'*Ami des Hommes*, disait dans son ouvrage : « Que le Berry
» était la Sibérie de la France, et que le Roi, au lieu de
» conquérir des provinces étrangères, devrait réunir le
» Berry à son empire en s'occupant des moyens de le re-
» peupler et de le vivifier. »

Cependant, sur les représentations énergiques qui furent
adressées au conseil du Roi par M. Dupré de Saint-Maur,
intendant du Berry, par lesquelles il fit sentir la nécessité
de venir au secours de cette province et de la faire partici-

per aux vues générales de bienfaisance et de philanthropie
dont le gouvernement était alors animé, M. de Trudaine,
homme éclairé et grand administrateur, proposa au Conseil
de Louis XV le même projet que Charles VIII avait formé :
c'était de faire de la ville de Bourges un point central et un
entrepôt général pour le commerce du royaume ; d'établir à
Bourges une communication aussi précieuse pour le Berry
qu'elle serait importante pour l'intérêt général de la France ;
de faire traverser la ville de Bourges par deux grandes
routes, dont l'une, passant par Châteauroux, Issoudun,
Bourges et La Charité, établirait la communication de
l'Océan, du pays d'Aunis et du Poitou avec la Bourgogne
et la Champagne ; l'autre, passant par Paris, Fontainebleau,
Gien, Bourges, Guéret et Toulouse, formerait la communication de la Flandre et de Paris avec le Languedoc et tout
le Midi. Ce double projet, qui devait procurer le débit des
denrées du Berry, le transport des fers, des laines et du
chanvre, y faire refluer le numéraire, y ranimer le commerce et l'agriculture, fut applaudi et arrêté au Conseil du
Roi. M. Dupré de Saint-Maur reçut l'ordre de faire ouvrir
ces deux routes, qui furent portées sur l'état du Roi comme
deux routes de poste de première classe. Les ingénieurs et
l'intendant s'en occupèrent avec beaucoup de zèle. L'administration provinciale employa pour accélérer les travaux
tous les moyens qui furent en son pouvoir.

Lors de l'assemblée des Etats-Généraux, en 1789, les
députés du Languedoc et du Poitou furent chargés de se
réunir avec ceux du Berry pour solliciter la continuation de
ces deux routes ; j'ai moi-même agi de concert avec eux
auprès des Comités de l'Assemblée constituante pour demander des fonds et faire sentir l'utilité et l'importance du
plan de M. de Trudaine. C'est sur nos observations que
M. Bureau de Puzy, chargé d'organiser la circonscription
des départements, mit celui du Cher en contact avec celui

de la Creuse, afin qu'ils pussent agir de concert et sans in-
termédiaire pour la confection de la route de Paris dans le
Languedoc, en passant par Bourges.

Par une fatalité dont il y a peu d'exemples, ces deux
routes, commencées depuis 40 ans, sur lesquelles on a déjà
versé beaucoup d'argent, ne sont point encore terminées ;
on a retiré les fonds destinés pour leur confection, on les a
rayées de la classe des routes de postes et de première importance, et les abords de Bourges sont impraticables six
mois de l'année. Le crédit, l'intrigue, la rivalité des deux
départements de l'Indre et du Loiret qui nous avoisinent,
sont parvenus à faire rejeter le plan de M. de Trudaine, à
rendre inutiles toutes les dépenses qui ont été faites et tous
les travaux qui ont été commencés pour ces deux routes
essentielles et principales (1).

Il y a mieux, c'est que le Conseil général du département
du Cher ayant offert au gouvernement d'imposer sur lui-même
des centimes additionnels pour la confection de ces deux
routes d'un intérêt général pour tout l'empire, on a accepté
les offres du département, mais on a détourné l'emploi des
deniers pour établir des chemins vicinaux et des communications qui présentent quelqu'utilité locale, mais qui n'em-
brassent pas d'aussi grands intérêts que le plan de M. de
Trudaine.

Le grand malheur du département du Cher, c'est que sa
position centrale est isolée, et dans l'éloignement des re-
gards du gouvernement ; c'est qu'aucun de ses habitans
n'est assez heureux pour approcher du chef de l'empire et
pour pouvoir mettre sous ses yeux notre détresse et nos
besoins. Nous en sommes réduits à dire, comme nos bons
pères : *Si l'Empereur le savait !...*

---

(1) Il faut se rappeler que ce Mémoire a été écrit en 1810.

L'esquisse très imparfaite que je viens de tracer de la situation ancienne et nouvelle du Haut-Berry, suffit pour prouver que ce pays, si long-temps dévasté, offre très peu de monuments anciens. La révolution a achevé de détruire ce qui pouvait avoir échappé aux ravages des guerres civiles.

Il y avait dans le vaste diocèse de Bourges 32 abbayes, dans la plupart desquelles étaient les tombeaux des anciens Seigneurs du Berry qui les avaient fondées ou dotées. Les Seigneurs de Sully avaient leur sépulture dans l'abbaye de Leroi; les Seigneurs de Fontenay dans l'abbaye de Fontmorigny; les Seigneurs de Charenton, de Culan et de La Châtre, dans l'abbaye de Noirlac; ceux de Montfaucon, dans celle de Chalivoi. Les Huguenots avaient fait de grands dégats dans tous ces établissements religieux; la révolution n'en a laissé subsister aucun. Les bâtiments et les églises ont été vendus; on n'a point fait, comme dans bien des pays, des spéculations pour former des établissements dans l'enceinte des abbayes, pour y élever des manufactures, ou établir quelques travaux publics; la plupart des acquéreurs ont rasé les bâtiments et ont vendu les matériaux.

Il y avait à Bourges, dans le faubourg Saint-Sulpice, une riche abbaye. Les Bénédictins y avaient fait élever un superbe bâtiment, aussi précieux pour l'ornement de la ville qu'il pouvait être utile pour en faire une caserne ou y établir une manufacture. Personne à Bourges n'était assez riche pour acquérir cet édifice et pour s'y loger; les directeurs de la manufacture de draps de Châteauroux s'en rendirent adjudicataires et, probablement dans la crainte que quelques compagnies de commerce ne vinssent s'y établir, ils l'ont fait détruire et en ont vendu les matériaux.

C'est ainsi que la rivalité et l'intérêt personnel ont successivement enlevé à la ville de Bourges et au département du Cher ses ressources les plus précieuses.

Parmi les monuments que la révolution a laissés, le plus

précieux c'est l'église métropolitaine de Bourges, un des plus beaux édifices qui soient en France et en Europe. Pendant le cours de la révolution on proposa au Directoire Exécutif de la faire démolir; heureusement qu'il chargea un ingénieur, M. Defougères, de lui faire un rapport sur les avantages et les inconvénients qu'il y avait de conserver cette église. M. Defougères, ami des arts et connaisseur habile et éclairé, fit connaître au Directoire que cet édifice présentait dans ses parties et dans son ensemble tout ce que l'architecture gothique offrait de plus hardi et de plus curieux, qu'il méritait de la part du gouvernement l'attention la plus sérieuse; que sa solidité, son étendue, sa beauté et l'intérêt des arts demandaient qu'on donnât des ordres les plus précis pour l'entretien et la conservation de ce superbe monument.

On remarquait dans cette ancienne église des mausolées extrêmement curieux, entr'autres le tombeau de Jean de France, premier Duc de Berry, dans l'église souterraine; il avait été transféré à la Cathédrale lors de la destruction de la Sainte-Chapelle de Bourges, bâtie par ce même Duc de Berry. Il y avait autour de ce tombeau des statuettes en marbre blanc que les connaisseurs estimaient beaucoup: elles ont été détachées et enlevées par quelques habitants de Bourges pendant la révolution. On lisait sur le tombeau une inscription en deux vers latins d'une grande beauté et qui méritent d'être rapportés :

Quid sublime genus, quid opes, quid gloria præstant,
Respice, mox aderant hæc mihi, nunc obeunt.

On voyait dans cette église, dans la chapelle de Châteauneuf, le tombeau de Charles de l'Aubepine, Garde des Sceaux de France; il était représenté à genoux, en marbre blanc, avec les attributs de ses dignités, élevé sur une estrade en marbre noir. L'ensemble du travail, la figure et les draperies passaient pour un ouvrage achevé.

On voit encore aujourd'hui dans cette église les vitraux remarquables de la chapelle des Tulliers, sur lesquels sont peints Pierre Tullier, sa femme et ses enfants. Ces vitraux, fort estimés, ont été peints par un fameux peintre appelé Lescuyer. C'est ce même Lescuyer qui a peint les vitraux de la chapelle de l'Hôtel-Dieu de Bourges, dont les connaisseurs font le plus grand cas.

Dans d'autres chapelles de la Cathédrale, on remarquait, avant la révolution, le mausolée de François de La Grange-Montigny, Maréchal de France; les bustes en marbre de Claude et Gabriel de La Châtre, Maréchaux de France: de Jean Fradet de Saint-Aoust, Lieutenant-Général de l'Artillerie de France.

Jean Fradet était arrière-neveu d'un Pierre Fradet, Doyen de l'église de Bourges, Conseiller au Parlement de Paris et Ambassadeur de Louis XI auprès du Pape Paul II. Ce Pierre Fradet tomba malade à Rome, il y fit vœu de faire placer dans la Cathédrale de Bourges, au-dessus de la chapelle des Fradet, un tableau dans lequel il serait représenté dans son lit de douleur. Ce tableau, exécuté par un peintre Italien, était fort estimé; il fut vendu, pendant la révolution, par le District avec les ornements, l'autel et les menuiseries de cette chapelle. Un habitant de la ville fit acheter ce tableau et l'a fait placer depuis dans l'église de Saint-Pierre-le-Guillard, où il existe aujourd'hui.

Les autres mausolées et bustes avaient été déposés dans une espèce de galetas, sous les cloches de l'Église Cathédrale. Il serait bien à désirer que l'on fît replacer dans les chapelles où ils étaient avant la révolution, ces monuments, qui attestent les vertus et les faits héroïques de nos compatriotes.

On remarque encore dans la ville de Bourges l'Hôtel-de-

Ville, qui était autrefois le palais de Jacques-Cœur, habitant de Bourges, Argentier de Charles VII, célèbre par les services importants qu'il avait rendus à l'Etat, par les grandes richesses qu'il avait acquises et par les malheurs qu'attirèrent sur lui la jalousie et la cupidité des courtisans. Cet ancien palais, qui forme aujourd'hui l'Hôtel-de-Ville, est remarquable par sa forme et la solidité des constructions, qui donnent une idée véritable du genre d'architecture qu'on employait sous Charles VII.

Je vais maintenant retracer, suivant les documents qui sont venus à ma connaissance, ce que les châteaux du Haut-Berry présentent de plus intéressant, soit par les faits historiques ou les traditions populaires, soit par la forme de leur architecture.

Les châteaux, comme je l'ai déjà fait observer, tiennent essentiellement au régime féodal; il faut donc d'abord considérer ceux qui ont été le berceau de la féodalité.

La Grosse-Tour de Bourges, qui était autrefois une prison d'Etat où Louis XII a été long-temps renfermé, était dans le principe la place-forte des Comtes de Bourges. De cette tour relevaient toutes les grandes terres et plusieurs fiefs du Berry; par une suite nécessaire, cette place, dont les anciens Seigneurs dominaient sur tout le pays, était la plus forte de la province.

Les Comtes de Bourges, après avoir secoué le joug de l'autorité royale au déclin de la seconde race, se donnèrent des sujets et des vassaux par les inféodations; mais ces Seigneurs du second ordre ne tardèrent pas à s'affranchir à leur tour des premiers devoirs qui leur avaient été imposés; ils ne voulurent plus reconnaître de lois que celles qu'ils se donnèrent : de là l'institution des coutumes locales si multipliées en Berry ; de là la différence des poids et mesures qui variaient dans chaque Seigneurie.

Les plus considérables de ces Seigneurs, pour assurer

3

leur indépendance, se donnèrent, par les sous-inféodations, des affidés dévoués à leurs intérêts, obligés de mar-
cher à leur défense; ils se firent bâtir des places-fortes.
C'est ainsi que se sont établies les grandes seigneuries de
Sancerre, de Montfaucon, de Charenton et de Germigny.
Les chefs-lieux de ces grandes seigneuries étaient les for-
teresses les plus importantes et le boulevart du Berry. Les
mêmes châteaux ont ensuite servi de places d'armes dans
les guerres civiles, et les Seigneurs sont devenus des chefs
de partis.

Le même esprit d'insubordination et d'indépendance
animait les arrière-vassaux; ils faisaient la guerre à leurs
Seigneurs suzerains, élevaient des forts, formaient des
alliances pour leur résister. Presque tous les possesseurs
de fiefs changeaient de Seigneur suzerain suivant que les
circonstances de la guerre, l'intérêt de leurs familles ou
de leurs fiefs l'exigeaient. C'est d'après cela qu'on remarque dans le Haut-Berry comme une chose assez curieuse, que les Comtes de Sancerre ont long-temps relevé
du Comté de Champagne; que la Baronnie de Montfaucon
relevait des Ducs de Nevers; que celles de Charenton et
de Germigny relevaient des Ducs de Bourbonnais; les Seigneurs de Vierzon, du Comté de Blois; le Seigneur de
Mehun, de l'archevêché de Bourges; celui de Graçay, de
l'abbaye de Massay, quoique toutes ces Seigneuries fissent
partie du Duché d'Aquitaine et du Comté de Bourges.

Malgré la confusion et le désordre que l'ambition ou
l'intérêt des Seigneurs avaient introduits dans l'ordre hiérar-
chique de la féodalité, il y avait des Seigneurs qu'on re-
connaissait d'un commun accord pour les premiers Barons
du Berry, qui jouissaient de certaines distinctions attachées
à leurs châteaux. Par exemple, lorsque l'Archevêque de
Bourges faisait son entrée dans la ville et qu'il prenait possession de sa dignité, il devait aller coucher à l'abbaye de

Saint-Sulpice, de là il était conduit, en grande pompe, à l'église métropolitaine dans un fauteuil qui devait être porté par les Barons et Seigneurs de Mehun, de Saint-Palais, de Montfaucon, de Boussac, de La Châtre et de Fontenay. Il était défendu à ces Barons de rien exiger de l'Archevêque, si ce n'était que le Seigneur de Mehun devait recevoir son anneau et tous devaient être défrayés à ses dépens.

Après ces considérations générales sur l'origine des Seigneuries et des Châteaux, je passe à ce qu'il peut y avoir de particulier dans le détail.

La Grosse-Tour de Bourges était, pendant les guerres civiles, le principal objet de l'ambition des chefs de partis. Sa possession assurait celle de la ville et des environs; c'était, dans le cas d'une défaite, une ressource précieuse. Nos Rois, comme nous l'avons vu, avaient été obligés, à différentes époques, de venir eux-mêmes l'assiéger. Louis XIV, considérant que cette forteresse, au milieu de la France, avait toujours été un foyer de révoltes et de discordes, la fit raser en 1651. Il en reste encore quelques vestiges dans l'enceinte de l'ancien séminaire, qui forme aujourd'hui les casernes.

Je ne parlerai pas de la ville de Sancerre, mémorable dans l'histoire par sa situation sur une haute montagne, sur le bord de la Loire, par l'asile qu'elle a constamment donné aux Calvinistes, qui y sont encore en grand nombre; enfin par le fameux siége qu'elle a soutenu en 1572, dans lequel ses habitants ont donné les preuves de la plus grande valeur et ont renouvelé les scènes de désespoir et d'horreur que peuvent enfanter l'enthousiasme, le fanatisme, l'esprit de révolte et de parti.

Je me bornerai à vous faire observer qu'il ne reste de la forteresse de Sancerre que la Tour qu'on appelle la Tour des Fiefs, d'où relevait un grand nombre de fiefs et Seigneuries. La terre de Sancerre, dont les Seigneurs se

qualifiaient Princes du Haut-Berry, a toujours été possédée par les plus grands Seigneurs de France, et long-
temps par des Princes de la maison royale. Les Seigneurs
de Sancerre tenaient tellement un état de Princes, qu'ils
avaient de grands Officiers attachés à leur maison.

Le Seigneur de Pesselières, un de leurs premiers vassaux, était Grand Maréchal héréditaire du Comté de Sancerre. Le jour de la prise de possession et de la première
entrée du Comte de Sancerre, le Seigneur de Pesselières
commandait les vassaux et marchait à leur tête. Il avait
droit au cheval que montait le Seigneur de Sancerre et à
toute la vaisselle dont il se servait ce jour-là.

Parmi les grandes Seigneuries qui relevaient du Comté
de Sancerre, on distingue la terre et le château du Pezeau,
qui appartiennent à Mme. la Duchesse de La Tremouille.
Cette terre considérable est composée de plusieurs Seigneuries qui ont été achetées et réunies par M. Perrinet, habitant de Sancerre, qui devint fermier général par ses talens
et son intelligence. Toute sa fortune a passé dans la maison
de Langeron et appartient aujourd'hui à Mme. de La Tremouille.

On remarque dans le Sancerrois le château de La Grange,
un des plus beaux et des plus agréables du Berry, possédé
par M. de Montalivet, ministre de l'intérieur.

Il existe encore dans le Sancerrois une très belle habitation qu'on appelle Tauvenay, qui appartient à Mme. De-
faunes. Le château, bâti à la moderne, réunit tous les
agréments qui peuvent rendre une habitation commode et
agréable.

Les terres des Aix et de Beaujeu étaient également com-
prises dans la mouvance de Sancerre ; elles appartenaient
à la maison de Bouthillier, qui a laissé des souvenirs bien
chers dans la province. Le château des Aix, autrefois très
considérable, avait été détruit pendant les guerres civiles ;

il n'en reste qu'un vieux donjon qui sert de prison, et quelques débris d'anciennes fortifications dont on voit les traces dans l'enceinte qui formait autrefois le château. Cette terre a été divisée et vendue pendant la révolution.

La terre et le château de Beaujeu sont aujourd'hui possédés par un des riches propriétaires du département, M. de Pommereau, qui travaille en ce moment à en faire une habitation des plus agréables et des plus importantes.

Il y avait encore dans la mouvance de Sancerre, la terre et le château de Crezancy, ancien patrimoine d'une maison du Berry, qu'on appelait d'Orléans. Le fameux père d'Orléans, jésuite, né à Bourges, en 1641, renommé par son histoire des révolutions d'Angleterre, sortait de cette maison, qui était une des plus considérables et des plus distinguées de la province. On raconte que le père d'Orléans, jésuite, s'étant trouvé avec le Duc d'Orléans, frère de Louis XIV, ce prince lui dit, en riant : « Nous portons le » même nom, nous pourrions bien être parents ; car pro- » bablement vous descendez de quelques bâtards de la mai- » son de France. » Le bon père jésuite lui répondit mo- destement : « Monseigneur, je n'ai pas l'honneur de vous » appartenir : la maison d'Orléans dont je sors portait le » nom d'Orléans 300 ans avant qu'aucun Prince de la mai- » son royale eût pris le nom d'Orléans. » Et ce qu'il disait était vrai.

Le Château de Mehun-sur-Yèvre était un des plus importants du Haut-Berry ; il appartenait, dans le principe, à des Seigneurs qui en portaient le nom, qui s'étaient tellement rendus indépendants, qu'ils avaient choisi l'Archevêque de Bourges pour Seigneur suzerain. Ce château a été saccagé et démoli lors des querelles de Henri II, Roi d'Angleterre, avec Louis-le-Jeune et Philippe-Auguste, comme tous les Châteaux du Berry situés sur les bords du Cher. La seigneurie de Mehun a été réunie de bonne heure à la cou-

ronne. Jean de France, duc de Berry, s'occupa de rétablir
le château. Charles VII y mit la dernière main et en fit une
superbe habitation royale, où il séjournait souvent. Ce
Prince, malheureux fils, malheureux père, se laissa mourir de faim au château de Mehun, le 12 juillet 1461, dans
la crainte d'être empoisonné par son fils. Ce château a été
depuis très endommagé pendant les guerres civiles, il a été
ensuite frappé plusieurs fois par le feu du ciel. Il n'en
reste que des ruines qui annoncent encore la beauté, la solidité des bâtiments et la majesté de cet ancien monument.

A une lieue de Mehun on trouve le château et maison
forte de Dames, qui relevait du château de Mehun et qui
payait, pour tout droit de rachapt, au Seigneur, deux épe-
rons d'argent et 12 pains pour ses chiens. L'enceinte du
Château est fort étroite, elle est entourée de grands fossés
pleins d'eau qu'on traverse sur un pont de pierres; elle est
défendue par des tours rondes et carrées. Le genre d'architecture et la forme des constructions indiquent que ce
Château, qui avait été démoli comme les autres, a été rétabli sur la fin du XIVe. siècle. Il a été assiégé depuis et
pris plusieurs fois pendant les guerres de la ligue.

Ce château est remarquable par le long séjour qu'y a fait
Agnès Sorel, appelée dans l'histoire la belle Agnès,
maîtresse de Charles VII. Lorsque ce prince séjournait au
château de Mehun, sa maîtresse se tenait au château de
Dames. Le Roi venait l'y rejoindre sous le prétexte d'aller
à la chasse dans la forêt de Dames et d'Allogny. Mon fils,
auquel cette terre appartient, conserve encore dans un des
appartements du château, le portrait de Charles VII, peint
en Hercule, couvert d'une peau de lion; le portrait de la
belle Agnès, son armoire, sa toilette, ses chenets, son
fauteuil et sa table. Ces meubles sont plus curieux par leur
ancienneté que par la beauté de l'ouvrage. Une chose re-

marquable, c'est que sur les parois intérieures de la toilette est représentée la passion de notre Seigneur.

Il y avait dans la mouvance de Mehun plusieurs anciens châteaux qui avaient été détruits lors des guerres avec les Rois d'Angleterre ou pendant les discordes civiles, et qui ont été rétablis depuis dans un genre moderne, et qui forment de belles habitations. Tels sont le château de Quincy, qui appartient à la fille de M. Pinon, président à mortier du Parlement de Paris; le château de Barmont, à Mme. de Montchenu; celui d'Autry, à M. Dupré de Saint-Maur; celui de Blosset, dont je parlerai par la suite; celui du Courpoy, à Mme. Doazan; enfin celui de Foëcy-la-Loue, qui appartient à un étranger, M. Klein. Ce dernier propriétaire a établi dans son château une manufacture de porcelaine très estimée.

Il y avait aux environs de Mehun une papeterie qui a prospéré pendant long-temps, mais qui, à raison des malheurs arrivés au directeur de cet établissement, est menacée d'une destruction prochaine si le gouvernement ne vient pas à son secours.

Parmi les grandes seigneuries du département du Cher, on doit distinguer celles de Boisbelle et Henrichemont; c'était une principauté souveraine dont les Seigneurs ne relevaient que de Dieu et de leur épée. Ils exerçaient sur leurs sujets habitans de leur principauté la plénitude des droits régaliens et de la souveraineté; ils faisaient battre monnaie, accordaient des lettres de grâce. Les habitans de cette principauté ne tiraient jamais à la milice, ne payaient au Roi ni taille, ni gabelle, ni subside quelconque. M. le Prince d'Henrichemont avait fait un traité avec les fermiers généraux, par lequel ils lui payaient vingt mille livres par an pour avoir le droit de débiter du sel et du tabac dans l'étendue de sa principauté. Un régiment de cavalerie, dont M. de Bethune, Prince d'Henrichemont, était colonel, ayant été très maltraité à la guerre, le Prince ordonna que tous ses sujets non mariés tireraient à la milice : par ce moyen il recruta promptement et avantageusement son régiment.

Les hommes de ce canton sont les plus grands et les plus beaux du département ; ils sont d'excellents soldats. Louis XVI avait acquis de M. le Duc de Sully cette principauté et l'avait réunie à la couronne.

Les terre et seigneurie de Chârost ont été possédées pendant plusieurs siècles par des Seigneurs qui en portaient le nom. Le château, démoli et ruiné pendant les guerres des Rois d'Angleterre et de la France, pendant la possession de la principauté de Déols, avait été rétabli depuis et mis en état de défense par les fortifications qu'on y avait élevées. Il était entouré de fossés très profonds, défendu par de hautes murailles flanquées de grosses tours de distance en distance. Il a été assiégé, détruit et ruiné de nouveau pendant les discordes civiles et les guerres de religion. L'église attenante au château fut également brûlée et saccagée. Il ne reste plus qu'une habitation pour le fermier et quelques débris de fortifications dans l'enceinte de l'ancienne forteresse.

Cette terre a été acquise, en 1608, par Philippe de Bethune-Chârost ; elle a été érigée, par Louis XIV, en duché-pairie, en 1673, sous le nom de Bethune–Chârost, en faveur des descendans de Philippe de Bethune ; elle est possédée aujourd'hui par la veuve du dernier descendant de cette maison.

M. de Bethune, dernier Duc de Chârost, mort il y a quelques années, possédait en Berry de grandes terres. Il avait hérité de la droiture, de la bienfaisance et de toutes les vertus de ses pères. Il avait la passion du bien public ; animé d'un zèle quelquefois plus ardent qu'éclairé, rien ne lui coûtait lorsqu'il s'agissait du soulagement des malheureux, des intérêts de la province et de la gloire de la nation. Il a emporté en mourant les regrets et la reconnaissance qu'avaient inspirés ses bienfaits et la vénération qui était due à ses heureuses qualités et à la pureté de ses intentions. Ses vertus lui ont élevé un monument plus durable que celui qu'on a construit en son honneur dans le jardin de l'Archevêché de Bourges.

Plusieurs fiefs et seigneuries relevaient du duché de Chârost, notamment Gallifau, qui appartient à M. Gassot de Champigny ; Moulin-Neuf, possédé par M. Girard de Villesaison, partie de la terre de Castelneau.

La terre de Castelneau, composée aujourd'hui des Seigneuries du Coudray, Civray, Marseuvre et Saint-Florent, est une des plus considérables et des plus importantes du département ; elle a appartenu au fameux M. de Bussy de Golconde, lieutenant-général des armées du Roi ; il l'a laissée à Mme. de Bussy, sa nièce, épouse de M. de Folleville, qui a été remarqué à l'Assemblée Constituante par un esprit pénétrant, une critique judicieuse et des réparties très heureuses.

Le chef-lieu de toutes ces terres est le château de Castelneau, agréablement bâti, commodément distribué. L'enceinte, assez étroite, est entourée de fossés à sec. Il est situé au milieu d'une forêt percée de grandes et belles allées qui servent à l'ornement et à l'agrément de l'habitation, qui est une des plus agréables du pays. Le château de Castelneau a été possédé par Guillaume de Bochetel, un des Ministres de François Ier. Ce Prince, passant par le Berry, vint à Castelneau. Les enfants de M. Bochetel, quoique très jeunes, lui furent présentés ; l'aîné lui fit un compliment en grec ; François Ier. l'écouta, probablement ne comprit rien au compliment et finit par en rire. M. le Chancelier de Prat, qui accompagnait le Roi et qui savait le grec, fut frappé de la tournure du compliment ; il demanda quel en était l'au-

teur; on lui dit que c'était le sieur Amiot, précepteur
des enfants de M. Bochetel; il fut frappé de la solidité de
son esprit et de l'étendue de ses connaissances; il le jugea
capable de grandes choses et engagea le Roi à le fixer auprès de lui; et comme de petites causes produisent quelquefois de grands effets, un compliment grec fit la fortune du
fameux Amiot, qui fut depuis Évêque d'Auxerre et grand
Aumônier de France.

La Seigneurie et Duché d'Aubigny mérite une attention
particulière. Cette terre a été réunie à la couronne par
Philippe-Auguste. Elle a ensuite été donnée en apanage
à plusieurs Princes de la famille royale; elle est entrée, par
droit de reversion, entre les mains de Charles VII. Ce
Prince, comme je l'ai déjà dit, fut redevable de la con-
quête de son royaume à la fidélité et au courage de plusieurs grands Capitaines qui se dévouèrent à son service.
Dans le nombre l'histoire distingue Jean Stuart, Seigneur
d'Aubigny, que M. le président Hainault appelle à tort le
Comte de Douglas, et qu'il fait Connétable de France. Ce
Jean Stuart était seulement Connétable des Écossais. Il
passa en France avec 7,000 Écossais qu'il amena au service
de Charles VI. Il avait de grands talents militaires; il rendit au Roi les services les plus signalés et contribua par son
courage au gain de la bataille de Baugé.

Après la mort de Charles VI, il s'attacha à la cause et au
parti de Charles VII; il lui donna le témoignage d'un zèle
à toute épreuve et d'un attachement sans bornes. Le Roi,
pour le récompenser de ses services, lui donna et à ses
hoirs mâles, par lettres-patentes données à Bourges, le
26 mars 1422, la ville, châtel et châtellenie d'Aubigny,
sans en rien retenir que l'hommage lige, ressort et souveraineté. Il lui permit, par autres lettres, de porter ses
armes écartelées de celles de France. La terre d'Aubigny,
depuis l'époque de la donation jusqu'à la révolution, était

restée dans cette maison de Stuart. Le Roi Louis XVI, en
1777, érigea cette terre en duché et pairie, en faveur du
Lord Duc de Richemont, qui se trouva en même temps
Pair de France et d'Angleterre.

Lors de la convocation des Etats-Généraux, en 1789, le
Duc de Richemont envoya de Londres, à M. le Marquis de
Roche-Dragon, une procuration pour comparaître en son
nom, comme gentilhomme et Duc d'Aubigny, à l'assemblée de la noblesse du Berry. J'ai cette procuration en original. Dans l'instruction qu'il envoya à son fondé de pouvoir,
il recommandait d'opiner pour qu'on donnât aux Députés
de la noblesse le mandat formel de voter par ordre aux
Etats-Généraux. Après la clôture de l'assemblée de la noblesse du Berry, dont j'étais Secrétaire, M. le Duc de Richemont me fit demander un certificat qui attestât qu'il
avait comparu par procureur et concouru à la nomination
des Députés de l'ordre de la noblesse. Je lui adressai à
Londres ce certificat.

J'ai entendu dire qu'avant la révolution il y avait dans le
château d'Aubigny une galerie de tableaux très curieux,
qui contenait tous les portraits des Seigneurs d'Aubigny,
de la maison de Stuart. Cette maison affectionnait beaucoup
la propriété d'Aubigny.

Une autre anecdote assez curieuse, c'est que les Stuart,
Seigneurs d'Aubigny, étaient Chanceliers héréditaires de
l'Eglise Cathédrale d'Auxerre, en mémoire d'un service
important que ce Jean Stuart avait rendu à l'Eglise.

Lorsque ce Jean Stuart, Connétable des Ecossais, vint
en France, il amena avec lui plusieurs gentilshommes
Ecossais dont on forma la première compagnie de la garde
de nos Rois, appelée la compagnie Ecossaise, en considération des services qu'ils avaient rendus à l'Etat. Parmi ces
gentilshommes, il y en avait un nommé Stuc, dont le fils,
Gautier Stuc, garde-du corps du Roi, fut attiré en Berry

par un des Seigneurs d'Aubigny. Il vint à Bourges et y épousa Agnès Le Roy, de la famille de M. Le Roy, qui existe encore. Cette Agnès Le Roy était fille de Martin Le Roy, Seigneur de Saint-Florent, Gouverneur de l'écurie de Charles VII; et de Marie de Brisc, formée *Dame d'Assay*. Ce Gautier Stuc, Ecossais, eut, du chef de sa femme, la terre d'Assay, située en Berry, commune de Beaulieu. Les descendants de ce Gautier Stuc, qui ont pris en France le nom d'Estut au lieu de celui de Stuc qu'ils portaient en Ecosse, possèdent encore cette même terre d'Assay, qui leur a été transmise de père en fils. C'est un descendant de ce Gautier Stuc, M. d'Estut d'Assay, qui a été fait légataire universel de M. de Blosset et qui possède à ce titre, dans ce département, la belle terre de Blosset, composée des anciennes seigneuries de Vouzeron, Villemenard, La Vernusse et Bourdeilles, qui relevaient du château de Mehun. Les anciens châteaux de ces seigneuries avaient été détruits ou étaient tombés en ruine; M. de Blosset, ambassadeur du Roi en Dannemark et en Portugal, à la place de ces castels, avait fait bâtir un château à la moderne qui est une des plus belles habitations.

Ce premier Seigneur d'Aubigny, de la maison de Stuart, me fournit encore une anecdote assez intéressante, qui a, je crois, échappé à tous les historiens de notre province.

Lorsque ce Jean Stuart eut mérité, par ses services, la haute estime dont il jouissait auprès de Charles VI et Charles VII, il fit venir en France une colonie d'Ecossais, ses compatriotes. Charles VII, à sa considération, leur procura un établissement aux environs de Bourges, il leur abandonna une partie de la forêt de Haute-Brune, située commune de Saint-Martin-d'Auxigny, leur permit de la défricher et d'y construire des habitations; il leur accorda, par lettres-patentes enregistrées au Parlement, de grands privilèges, le droit d'usage, pannage et chauffage, même le droit de couper du bois de construction ; exemption de la taille et de tous droits d'entrée dans la ville de Bourges, pour le débit de leurs denrées. Il institua pour eux une justice royale, et un juge, appelé le Capitaine de la Salle-le-Roi, qui siégeait l'épée au côté et qui connaissait exclusivement des causes tant civiles que criminelles qui intéressaient les habitants et propriétaires de la forêt.

Les Seigneurs de Puyvallée, dont la terre s'étendait jusque sur les bords de la forêt, abandonnèrent aussi, à titre de cens et rentes, à cette même colonie d'Ecossais, une portion considérable de terrain inculte ; au moyen de cette concession, ils obtinrent de Charles VII que leur château de Puyvallée participerait à toutes les immunités accordées aux nouveaux habitans de la forêt. Les Seigneurs de Puyvallée étaient dépositaires de la charte de Charles VII et de tous les titres qui concernaient la franchise et les concessions faites pour le défrichement de la forêt.

Les habitans de ce canton, qu'on appelle encore la Forêt, ont conservé des signes de leur origine primitive. Il y en a dont les noms sont encore Ecossais, tels que les Jamins, Willandis, Javis. Ils sont tous intelligents, actifs, industrieux, se livrent à toute espèce de commerce et de brocantage. Leur pays n'étant pas capable de les nourrir, ils sont toujours par voies et par chemins; ils s'adonnent beaucoup au roulage; il y a parmi eux plusieurs voituriers par terre qui parcourent toute la France ; ils sont presque tous propriétaires. Le pays qu'ils ont défriché est couvert d'arbres fruitiers dont ils tirent un grand parti ; ils vont vendre leurs fruits jusqu'à Paris ; enfin ils ne ressemblent en rien à nos paysans du Berry.

Le château de la Salle-le-Roi, qui était le chef-lieu de ce canton, appartenait au Roi ; le capitaine juge des habitants de la forêt y tenait ses audiences. C'était autrefois un château-fort qui a été souvent assiégé et alternativement pris par les chefs de parti durant la guerre civile. M. de la Châtre le fit raser en 1589, à la sollicitation des habitants de Bourges, parce que la garnison de cette place, secondée par l'activité des habitants de la Forêt, inquiétait beaucoup la ville de Bourges.

Le château de Puyvallée, dont le grand fourneau, est-il dit dans les titres, faisait les limites de la franchise accordée par Charles VII aux habitants de la Forêt, avait été démoli pendant les guerres du règne de Charles VI. Il fut reconstruit par Michel Dauron, valet de chambre de Louis XI; il est entouré de fossés pleins d'eau; il était défendu par quatre tours et un donjon qui servait autrefois d'entrée. Pendant les guerres de religion, il servait d'asile aux habitants de la forêt de Vasselay, qui y fournissaient une garde pour la sûreté de leurs effets qu'ils y avaient fait transporter. Henri de Bourbon, Prince de Condé, qui faisait sa résidence ordinaire en Berry, dont il était Gouverneur, se plaisait beaucoup à Puyvallée, à raison de son agréable situation et de la beauté de ses vues. Mon trisaïeul Antoine de Bengy, avait abandonné à M. le Prince le château de Puyvallée, pour en faire son rendez-vous de chasse lorsqu'il allait courre le cerf dans la forêt d'Allogny, qui abondait alors en bêtes fauves. J'ai vu, dans un pavillon du vieux château, avant que mon père l'eût fait abattre, la chambre où logeait M. le Prince de Condé, qui l'avait fait décorer, et le lit où il couchait, qui est resté dans notre famille jusqu'à la révolution. M. le Prince avait fait faire en bas du château un bassin où il faisait venir de loin des eaux qui formaient un jet d'eau, et au bout de la garenne, une terrasse qui dominait sur tout le pays, qu'on appelle encore la terrasse de Condé.

Le marquisat de Châteauneuf était une ancienne dépendance de la terre d'Issoudun, qui était elle-même un démembrement de la principauté de Déols. La terre de Châ-

teauneuf a appartenu long-temps à la maison de Culan; elle
a ensuite passé dans la maison de l'Aubepine; elle fut ensuite adjugée par décret, en 1679, à M. Colbert, contrôleur-
général des finances, qui la fit ériger en marquisat, en 1681,
et qui fit réunir en un seul fief, mouvant de la Grosse-Tour
de Bourges, les terres de Châteauneuf, Saint-Julien et la
Chaussée.

Les habitants de Châteauneuf étaient serfs, sujets aux
droits de taille et mortaille; ils en furent affranchis en 1258.
Saint Louis confirma l'affranchissement moyennant une
redevance annuelle de dix-huit muids de vin du Cher,
payables en ses caves de Bourges, par les habitants de Châteauneuf. M. Colbert, Seigneur de Châteauneuf, par acte
passé à Paris, le 30 janvier 1682, vendit aux Maire et
Echevins de la ville de Bourges, le *fief de la Chaussée*,
autrement l'hôtel de Jacques-Cœur, qui forme aujourd'hui
l'Hôtel-de-Ville de Bourges, à la charge d'un écu d'or sol
de cens, payable au jour de Saint-Jean-Baptiste, au château de Châteauneuf, et en outre à la charge que les Maire
et Echevins présenteraient aux Seigneurs de Châteauneuf,
à chaque mutation de Maire, une médaille d'argent du
poids de 10 livres, sur l'un des côtés de laquelle il y aurait
les armes du Seigneur de Châteauneuf, et de l'autre, celles
de la ville de Bourges et l'inscription du nom du Maire qui
entrerait en charge; et en outre il fut convenu que la ville
paierait, pour le prix de ladite acquisition, la somme de
trente-trois mille livres. J'ai ouï dire que cette étrange
transaction fut commandée par la nécessité. La ville de
Bourges, pendant le cours des guerres de Louis XIV,
était menacée d'une imposition énorme. Les Maire et
Echevins parvinrent à en affranchir la ville et la Septaine
au moyen de l'acquisition qu'ils firent de M. de Colbert,
qui était tout-puissant et qui dicta les conditions du marché.

Le château de Châteauneuf avait été fort endommagé

pendant les guerres qui eurent lieu sous Louis-le-Jeune et
Philippe-Auguste, au sujet de la principauté de Déols. Le
château, la ville et l'église furent pris, pillés et brûlés en
1569, par les Calvinistes. Le château a été rétabli par des
Seigneurs de la maison de l'Aubepine. M. le Marquis de
l'Hôpital, Ambassadeur du Roi en Russie, était venu s'y
fixer et avait fait mettre au-dessus de l'entrée du château,
cette inscription :

Otium cum dignitate.

L'intérieur du château et les dehors sont aujourd'hui
très négligés.

Le château de Jussy, possédé aujourd'hui par M. de
Champgrand, est un des plus remarquables du département.
Il a été bâti en place neuve, dans le XVIIe. siècle, par
MM. de Gamaches, qui s'y sont ruinés. Il est entouré de
beaux fossés revêtus en pierres, qu'on peut mettre à sec
ou remplir d'eau à volonté. Il est bâti sur une échelle beaucoup plus petite, sur le modèle du Luxembourg; il y
manque un pavillon du côté des jardins; néanmoins c'est
une des plus belles, des plus régulières et des plus
agréables habitations de notre pays. L'ancien château de
Jussy s'appelait Quinquempoix et a donné son nom à une
des rues de Paris. Il avait été ruiné pendant les guerres
civiles. Il était situé au bas du bourg de Jussy; on voit
encore l'enceinte des fossés et quelques débris de cette ancienne forteresse.

MM. de Gamaches possédaient encore à côté de Jussy la
terre de Rémond, qui appartient aujourd'hui à Mme. de
Deffens. Le château actuel, situé dans le bourg de Rémond,
ne mérite aucune attention; mais à une certaine distance
du bourg, au milieu du bois de Rémond, il y avait un ancien château qu'on appelait la Maison-Fort de Rémond;

il n'en reste plus que l'enceinte et les fossés pleins d'eaux fangeuses. Tout l'espace qu'occupait le château est couvert de bois et annonce que cette forteresse a été rasée il y a bien long-temps.

La Baronnie de Montfaucon était une des plus considérables de la province, à raison de l'étendue de sa justice et de sa mouvance. Elle avait appartenu à la maison de Condé, qui la vendit à Louis-Marie-d'Aumont de Villequiers, Capitaine des gardes du Roi. Il obtint, en 1666, des lettres-patentes pour faire changer le nom du château de Montfaucon en celui de Villequiers qu'il porte aujourd'hui. Cette terre, possédée par les héritiers de M. de Courtanvaux, a été vendue en détail pendant le cours de la révolution.

Le château de Villequiers, ainsi que presque tous les châteaux qui en relevaient, ont été assiégés, puis brûlés et saccagés pendant les guerres civiles dont ce canton a été particulièrement la victime. Il n'en reste plus que quelques débris ou quelques traces informes d'anciennes fortifications. A la place de ces vieux châteaux on a construit, dans le XVIIe. siècle, des châteaux modernes qui servent aujourd'hui d'habitations aux propriétaires. De ce nombre sont le château de Cru, qui appartient à M. de Boisgelin; celui de Billeron, à M. de Corvol; celui de Villiers-Chassy, à Mme. Le Roy; celui du Crotet et Maclou, à M. de La Verdine; celui de La Charnaye, à M. Dumont; et particulièrement le château de Boisbouzon, possédé par M. de Crecy. Ce château, ruiné comme les autres pendant les guerres civiles, a été rétabli par M. Lefèvre d'Ormesson. Il a été bâti pendant le cours du XVIIe. siècle, dans un genre moderne; il forme une agréable habitation, remarquable par des souterrains voûtés qui faisaient les cuisines et les communs et par un bois bien percé et des avenues en ormes de la plus grande beauté.

Parmi les châteaux qui relevaient de Villequiers, on dislinguait le château de Baugy, ancien patrimoine de la maison De Bac, réuni à la terre de Villequiers, pendant long-temps. Ce château était une forteresse entourée d'une double enceinte de fossés remplis d'eau, défendue par quatre grosses tours et un donjon, au-dessous duquel était la porte par laquelle on entrait dans le château par un des ponts-levis. Cette place a été redoutable pendant les guerres civiles ; elle appartenait au Prince de Condé, qui en avait fait une de ses places d'armes et un point de ralliement pendant les guerres de la Fronde. Louis XIV la fit assiéger, et, après l'avoir prise, la fit raser, en 1652. Il n'en reste plus que l'emplacement et les fossés qu'on ne peut traverser qu'en bateau. Cette terre a été vendue en détail pendant la révolution. Il ne reste plus à Mme. de La Roche-foucault, nièce de M. de Courtanvaux, que les bois et l'étang de Pouligny, renommé par son étendue et par l'abondance et la qualité supérieure de son poisson.

Le château de Savoye, qui relevait également de Mont-faucon ou Villequiers, a reçu ou donné son nom à des gentilshommes du nom de Savoye, qui l'ont possédé long-temps et qui l'ont transmis, à titre héréditaire, à la maison de Contremoret, qui en a joui long-temps. Ce château, détruit sous le règne de Charles VI, a été rétabli et cons-truit dans l'état où il est par Charles de Contremoret, maître d'hôtel de Jeanne de France, Duchesse de Berry. Il a échappé aux ravages des guerres civiles, à raison de ce que Pierre de Contremoret, qui en était alors Seigneur, était neveu du Maréchal de la Grange de Montigny, qui commandait en Berry pour le Roi et qui en a défendu les approches. Il a néanmoins été attaqué deux fois. L'enceinte du château, assez étroite, était défendue par six tours, dont il en reste cinq ; il y avait d'une tour à l'autre des murailles très épaisses et une galerie crénelée qui régnait tout autour, de laquelle on défendait les approches du

château ; tous ces murs ont été démolis. Une partie du
bâtiment d'habitation est voûtée ainsi que quelques-unes
des tours et principalement celle qui servait de prison. La
tour du midi a quatre étages, y compris les caves. Il y
avait, avant la révolution, au quatrième étage de cette tour,
une collection curieuse d'armures anciennes, telles que
casques, cuirasses, brassarts, cuissarts, lances et carabines,
que M. le Maréchal de La Grange y avait fait déposer pendant les guerres civiles. Pendant la révolution, on a fait
vendre les meubles de ce château qui m'appartient et on a
enlevé tout ce qu'il y avait dans le château. Il n'y reste que
quelques boulets de fonte et de pierres.

Une chose qui mérite d'être remarquée et qui prouve le désordre qui régnait dans la hiérarchie de la féodalité, c'est que
les Seigneurs de Marmagne, dont la terre est située à deux
lieues au-delà de Bourges, avaient choisi pour Seigneur suzerain le baron de Montfaucon et pour lois féodales celles qui ré-
gissaient la Baronnie de Montfaucon, tandis qu'ils étaient
sous la main du comte de Bourges. Cette terre de Marmagne,
qui a long-temps appartenu à la famille de Le Roy, est aujour-
d'hui possédée par M. de Peisac. Le château, bâti dans une
forme ancienne, a été agrandi par de nouvelles constructions qui rendent l'habitation aussi commode qu'agréable.

Un des châteaux du Haut-Berry qui a le mieux conservé
les vestiges de ses anciennes fortifications, c'est celui de
Brécy, qui relève de la Grosse-Tour de Bourges et qui appartient à Mme de Gamache. L'enceinte en était très considérable, entourée de larges fossés qui ont été comblés en
partie, défendue par de hautes murailles flanquées, de distance en distance, par de grosses tours. Il régnait au-dessus
des murs une galerie qui établissait une communication tout
autour du château ; ces restes des anciennes fortifications
subsistent encore en partie ; l'habitation du Seigneur était
composée d'une grosse masse de bâtiments irréguliers, aux-

quels sont adossées des tours. Les appartements sont vastes, très mal distribués; néanmoins, l'ensemble annonce une vieille citadelle qui a été possédée par de grands Seigneurs. En effet, cette terre a appartenu, pendant plusieurs siècles, à la maison de Culan. On y voyait, avant la révolution, les portraits des Amiraux et Maréchaux de France, que cette maison de Culan a fournis à la France.

Le château de Maubranche, chef-lieu de la Baronnie de ce nom, a long-temps appartenu à MM. de Biet; il a été bâti au milieu du XVe. siècle. Il offre encore des traces curieuses des fortifications de ce temps-là. Il a été souvent pris et assiégé pendant les guerres civiles. Les murs en sont très épais. On les a percés en plusieurs endroits pour rendre l'habitation commode et agréable.

Le château de Montrond est très renommé dans l'histoire de la province. C'était une dépendance de l'ancienne Baronnie de Charenton, à laquelle étaient annexées les terres d'Orval, Meillant, Saint-Amand et Epineuil, qui appartiennent en grande partie aujourd'hui à la veuve de M. le Duc de Charost. Le château de Montrond, situé près de Saint-Amand, dans une très forte position, avait été acquis, en 1606, par M. le Baron de Rosni, Ministre de Henri IV, qui en fit relever les fortifications; il le vendit, en 1621, à Henri de Bourbon, Prince de Condé, qui en augmenta considérablement les ouvrages extérieurs qui défendaient les abords du château. Il en fit une des places les plus fortes du royaume. Ce Prince se plaisait beaucoup à Montrond et en avait fait la résidence ordinaire de sa famille. Son fils, le Grand Condé, y passa une partie de sa jeunesse.

Après la mort de Henri de Condé, lorsque son fils, après sa détention, eut levé l'étendard de la révolte, il fit retirer sa femme et ses enfans dans le château de Montrond; il en fit sa principale place d'armes; il la fit approvisionner de toutes espèces de munitions; il y mit une forte garnison et rassembla autour de cette place les gentilshommes dévoués à sa cause et un grand nombre de soldats qui avaient combattu pour lui ; il les opposa aux armées du Roi, profitant de toutes les ressources de son génie ; il fomenta, pendant le cours des années 1650, 1651, 1652, dans l'Auvergne, le Bourbonnais et le Haut-Berry, une guerre civile d'autant plus funeste que les familles étaient divisées ; les uns tenant pour le parti du Roi, les autres pour celui du Prince de Condé, se battaient à toute outrance et ne se faisaient aucun quartier. Les châteaux et les campagnes étaient également pillés et ravagés par les deux partis. Le Roi et la Reine, sa mère, qui sentirent de quelle importance il était de s'emparer d'une place qui était un foyer de troubles et de discordes, firent assiéger le château de Montrond par le Comte de Palluau qui s'en rendit maître, le 1er. septembre 1652, et qui fit raser les fortifications : il n'en reste plus que les débris ; l'emplacement est encore curieux à voir.

La Baronnie de Germigny, érigée par Louis XV en Marquisat, en faveur de M. de la Frezelière, Lieutenant-Général de l'artillerie de France, père de M. de Bonneval-Bannegon, embrassait dans sa mouvance les plus belles terres situées sur les confins du département du Cher ; elle avait une coutume locale à laquelle tous ses arrière-vassaux étaient assujétis. Le château, d'une vaste étendue, réunissait les traces de l'antiquité avec les agréments des bâtiments modernes. Cette terre a été vendue par la nation et divisée en plusieurs lots pendant la révolution.

Le château de Bannegon, qui appartient aujourd'hui à M. de Bengy, mon neveu, du chef de Mlle. Dupeyroux, sa femme, est mémorable par un fameux siége qu'il a soutenu pendant les guerres de la ligue. Il fut défendu avec beaucoup de valeur et d'intelligence par une femme, Mlle. de Barbançon, qui prit le commandement de la place.

Il y avait dans la mouvance de Germigny la baronnie de

Fontenay. L'ancien château de cette terre était une forteresse bâtie à pic sur le haut d'un monticule, au pied de
laquelle était une bellefontaine qui remplissait les fossés
On montait au château par un escalier de plus de 80 degrés;
on voit encore les ruines et les débris de cette ancienne citadelle. M. le Baron de Fontenay, père de Mme de Montsaulnin, a fait élever, en place neuve, au pied de l'ancien
château, un très beau bâtiment qui forme aujourd'hui la
résidence des Seigneurs, qui étaient des premiers Barons
du Berry. Une chose assez remarquable, c'est que cette
terre de Fontenay n'a jamais été vendue. Elle appartenait,
dans le principe, à des Seigneurs qui en portaient le nom.
Cette maison étant tombée en quenouille, l'héritière la
porta dans la maison de Pougue, qui prit le nom de Fontenay; l'héritière de cette seconde maison de Fontenay porta
cette terre dans la maison de Montsaulnin, de manière que
depuis l'inféodation primitive, c'est-à-dire depuis le déclin
de la seconde race, cette terre est parvenue en ligne directe
jusqu'à M. de Montsaulnin, qui la possède aujourd'hui.

On peut dire la même chose de la terre et du château de
Bigny. Cette terre avait donné son nom à l'ancienne maison de Bigny ou l'avait reçu d'elle; l'héritière de cette
première maison de Bigny entra dans la maison de Cheve-
non, qui prit le nom et les armes de Bigny. Mme de Bigny,
épouse de M. le général Augier, héritière de la branche
aînée de la terre de Bigny, possède cette terre à la suite de
ses ancêtres, à remonter jusqu'à la première inféodation.

Il en est encore de même de la terre et du château
d'Issertieux, avec cette particularité que cette terre a toujours été possédée par des Seigneurs du même nom et de
la même maison. Le château est d'une forme antique; le
donjon, au dire d'un des anciens Seigneurs, était une des
sept merveilles du Bourbonnais. Cette terre n'a également
jamais été vendue. Elle a toujours été possédée par la mai-

son de La Porte, une des plus anciennes du Berry. M. de La Porte, qui en est aujourd'hui propriétaire, la tient par une succession non interrompue de ses ancêtres paternels, à remonter jusqu'à l'inféodation qui en a été faite dans les siècles les plus reculés. En général, c'est par la possession des fiefs et des châteaux que l'on reconnaît l'ancienneté des familles, que l'on peut en constater l'existence et juger sciemment des fables que l'on invente sur ce sujet. Une observation assez remarquable, c'est que les propriétés en Berry se transmettaient autrefois, dans les mêmes familles, pendant un très long espace de temps. Plusieurs causes y ont contribué : l'absence de toute espèce de commerce, le défaut de communications ont empêché les gens riches de venir s'établir dans la province; le ravage des guerres civiles en a éloigné les étrangers; enfin la simplicité des mœurs qui a subsisté long-temps parmi nos pères, l'esprit d'ordre et d'économie commandé, comme je l'ai déjà dit, par les circonstances, par le besoin et la nécessité, l'empire de l'habitude est plus que tout cela. L'attachement assez naturel des enfants pour le patrimoine de leurs pères a perpétué dans les mêmes familles la possession des mêmes propriétés.

Les faits viennent à l'appui de mes observations. En effet, du côté de Vierzon, la terre de Mery est depuis plusieurs siècles dans la famille de Bonnault; celle du Coudray, dans la famille de Francière. Du côté de Dun-le-Roi, la terre de Deffens est également depuis plusieurs siècles dans la famille de Gassot; celle de Neizerolles, dans la famille de Rolland. Du côté de La Charité, MM. de Culon possèdent de toute ancienneté la terre de Troisbrioux. Enfin, du côté de Bourges, les terres de Champgrand et de Saint-Georges appartiennent depuis très long-temps à la famille de Labbe.

On remarque également, par une suite nécessaire des

mêmes raisons que je viens d'exposer, qu'il y a fort peu de familles de la province qui en soient sorties. Chacun revient avec plaisir au berceau et à l'héritage paternel. C'est ce qui faisait dire à M. le Maréchal de Bellisle que les Berrichons étaient d'excellents officiers, mais qu'ils avaient souvent la maladie du pays.

Il résulte des détails que je viens de fournir sur les châteaux et les seigneuries du département du Cher, que les propriétés y sont très divisées ; qu'à l'exception de quelques grandes terres possédées par des gens riches qui résident à Paris, les anciennes Seigneuries, qui appartiennent encore à des familles du pays, sont d'une étendue bornée et d'un revenu assez médiocre. C'est ce qui fait que dans ce département il n'y a point de grandes fortunes et que l'on n'y voit ni luxe, ni somptuosité, ni faste ; les sources de l'opulence, telles que les grands emplois, le commerce, les combinaisons de l'industrie, sont absolument taries pour les habitants du Haut-Berry ; les denrées, les productions n'ont même aucun débit par le défaut de communications et le peu d'aisance qui s'y trouve est uniquement, comme je ne peux trop le répéter, le fruit de l'ordre et de l'économie.

Après vous avoir parlé des habitations du département du Cher, je dois vous dire un mot du caractère, des mœurs et de l'esprit de ses habitants.

Une inscription qui était gravée sur une des portes de la ville de Bourges, à la porte d'Auron, pourra vous donner une idée assez juste du caractère de nos compatriotes.

Cette inscription latine portait en substance :

« Ceux qui connaissent le prix de l'affabilité, de la bonté
» et de toutes les vertus sociales peuvent entrer à Bourges
» et y venir en assurance goûter les douceurs de l'amitié et
» les charmes de l'union et de la paix. »

Cette inscription présente un tableau fidèle de nos mœurs actuelles.

Un esprit de modération et de bienveillance, un grand fond de douceur et d'aménité, sont aujourd'hui comme autrefois les traits particuliers qui distinguent les habitants du département du Cher; l'ambition ne soulève pas les passions; la jalousie n'y excite point de querelles; on n'y aspire point aux grandes faveurs de la fortune; on n'y amasse pas de grandes richesses; mais on s'y défend des atteintes du vice, on s'y fait une douce habitude des vertus sociales; il n'y a point de pays où les étrangers soient mieux accueillis; il n'y en a point où l'on exerce autant d'actes de charité et de bienfaisance.

On reproche aux habitants du département du Cher de manquer d'activité et d'énergie. Des mauvais plaisants ont prétendu qu'en entrant à Bourges on sent la paresse qui vous grimpe aux jambes. Quelque fondés que puissent être les reproches ou les plaisanteries, cela n'empêche pas que la trempe de l'esprit des habitants du Haut-Berry ne les rende capables de tout, aussi propres à l'exercice des arts qu'à l'étude de toutes les sciences. Il est sorti du sein du Berry de grands guerriers, de célèbres artistes, des savants distingués. Les Jésuites, qui se connaissaient en hommes, faisaient le plus grand cas des sujets qui leur venaient du Berry. Cette province a fourni les plus grands hommes de cette société savante, entr'autres les pères Bourdaloue, d'Orléans, Labbe, Des Billons et Berthier. Les mêmes jésuites comparaient l'esprit des habitants du Berry à une plante qui a besoin d'être transplantée pour jeter des racines profondes et pour produire d'excellents fruits (1).

_____

(1) Il faut se rappeler que ce Mémoire a été écrit en 1810.

Bourges, imp. de JOLLET-SOUCHOIS.